Altes Leinen

Der stille Luxus

Gertrud Berning

Impressum

Idee, Konzept und Umsetzung
Gertrud Berning

Autor
Gertrud Berning

Layout & Satz
Anne Wöstheinrich

Fotos
Heinz Duttmann, Lena Möhler (8)
Titelfoto: Heinz Duttmann
Rückseite: Heinz Duttmann, Lena Möhler (1)
Illustrationen: Anne Wöstheinrich

Verlag: Schnell Verlag
Bergstraße 2, 33803 Steinhagen
E-Mail: info@schnell-verlag.de
www.schnell-verlag.de

Druck
mediaprint solutions GmbH

3. Auflage 2024

ISBN: 978-3-87716-663-5

Liebe Leser

Altes Leinen wie Bauernleinen und Damast ist aus heimischem Flachs: Fast immer von Hand gesponnen und gewebt. Aber was tun mit den beinah vergessenen Zeugnissen kunstfertiger Handwerker? Zum Zerschneiden oder Liegenlassen sind sie viel zu schade. Denn Leinen möchte benutzt werden, nur so wird es immer schöner.

In diesem Arbeitsbuch erhält das alte Leinen eine neue Bedeutung, einen neuen Auftritt. Der erste Teil umfasst die Herstellung des alten Leinens und seine wohltuende Wirkung. Im zweiten Teil laden mehr als 40 einfache Ideen Sie zum Nachmachen ein. Der dritte Teil des handlichen Buches handelt von Damast und Jacquard. Genießen Sie seinen stillen Luxus.
Und keine Angst vor weißem Leinen im Alltag. Im vierten Teil finden Sie neben Nähtechniken von Hand auch viele praktische Tipps zum Umgang mit altem Leinen.

Viel Freude beim Nachmachen!

Inhalt

Altes Leinen

Der stille Luxus

Altes Leinen hat Charakter und vermittelt Stil und Lässigkeit. Es kitzelt die Sinne und berührt die Seele.
Zart glänzend lockt es auf Floh- und Antikmärkten. Still liegt es seit Jahrzehnten in Schränken und Truhen. Altes Leinen. Vergilbt und beinah vergessen. 100 Jahre und deutlich älter. Oftmals handgesponnen und handgewebt. Es sind unwiederbringliche Raritäten und Zeugnisse höchster Handwerkskunst. Zu schade für Schrank und Truhe. Denn altes Leinen ist echt und unverfälscht. In einer Qualität, die man heute kaum findet.
Höchste Zeit, diesen stillen Luxus zu genießen. Aber altes Leinen schreit nicht, es wispert nur. Ist etwas für besondere Menschen. Jüngere sind mehr und mehr davon fasziniert. Sie geben ihm eine neue Bedeutung. Vielleicht spüren sie, wie das alte Leinen ihre Seele berührt.
Leinen hat eine zigtausendalte Geschichte. 2009 fanden Forscher der Universität Harvard Reste von Flachsfasern in einer Höhle in Georgien. Sie datierten sie auf 34.000 bis 32.000 vor Christi. Sie gelten derzeit als die ältesten Flachsfasern.
Altes Leinen bleibt. Das berühmte Zittauer Fastentuch von 1472 überstand Jahrhunderte. Selbst als Abdichtmaterial einer Waldsauna russischer Soldaten nach dem zweiten Weltkrieg. Nach deren Abzug entdeckte man das kostbare Leinengewebe im Wald. Zerschnitten, völlig durchnässt und verdreckt.
Altes Leinen altert gut. Es wird durch Gebrauch sogar noch schöner. Schmiegsamer. Leichte Gebrauchsspuren sind Zeichen von Leben. Höchste Zeit, die stärkste unserer Naturfasern dafür zu benutzen, wofür sie einst angebaut, gesponnen und gewebt wurde. Für Kleidung, Wohnung und Leben. Und das Schöne: Es wartet auf uns.

Einzigartige Naturfaser

Altes Leinen kitzelt die Sinne und verbessert das Wohn- und Schlafklima. Eine Wohltat für Körper und Seele.

Neuer Auftritt

Früher schützte das alte Leinentischzeug die Tischplatte vor Kratzern bei den täglichen Mahlzeiten. Heute zeigt man die hölzerne Tischplatte. Deshalb wartet so manches Leinentischtuch auf einen neuen Auftritt. In seiner feinsten Form, möglichst kalt oder mit viel Druck gemangelt, bringt es noch immer jeden Tisch zum Strahlen. Muss es aber nicht. Tafeltücher haben die passende Länge, um als Badetuch, Bademantel oder Laken unseren Körper zu verwöhnen. Denn die einzigartige Naturfaser tut uns gut. Sie legt sich wie eine zweite Haut um unseren Körper. Verbessert unser Wohlbefinden. Lässt uns zur Ruhe kommen. Tief und fest schlafen. Wer einmal zwischen Leinentüchern geschlafen hat, weiß wie entspannend das ist, ganz besonders im Sommer.
Feine Servietten oder kräftige Handtücher tragen sich als Kimono, Shirt und Rock wie eine zweite Haut. Und in seiner feinsten Form als Damast oder Batist ist altes Leinen Luxus pur. Eine Wohltat für Körper und Seele.

Sanftweiß und stark

Leinen ist aus Flachs gemacht. Kein anderes Material bietet solch einen Lichteinfall. Gebleicht und ungefärbt zeigt es sich sanftweiß – wie gewebtes Mondlicht. Sein unnachahmliches Weiß schafft ein Gefühl von Ruhe und Gelassenheit. Von Klarheit, Weite und Licht. Im Gegenlicht entdeckt man schnell das eindeutige Kennzeichen von Leinen: längliche Verdickungen im Gewebe. Sie sind in der Flachsfaser selbst begründet, im Gewebe unregelmäßig verteilt und machen es einzigartig.

Flachs ist stark und nachhaltig. Ganz umweltfreundlich. Hundert Prozent Natur. Nichts braucht entsorgt werden. Flachs war und ist auch heute die Naturfaser, die zu 100 Prozent verwertet wird. Die Samen des Flachs liefern Speiseöl. Sie sind Grundstoff für Firnis, Linoleum und Farben. Die Rückstände sind Tierfutter. Den holzigen Abfall, die Schäben, nutzt man noch heute zur Dämmung und als Einstreu. Flachs ist die stärkste natürliche Faser, die heute bekannt ist. Und die Naturfaser, die sich am besten wäscht. Deren Schönheit sich durch Tragen und Waschen verstärkt. Sie wird weicher und individueller. Aber bis aus Flachs Leinen entsteht, sind viele aufwändige Vorarbeiten erforderlich. Und wie jedes Naturprodukt ist seine Qualität stark abhängig von Boden, Kultur und Witterungseinflüssen. Ein Jahr besser, ein Jahr schlechter. Wohl deshalb heißt es bei belgischen Flachsbauern noch heute: „Leinen wird vom lieben Gott gemacht."

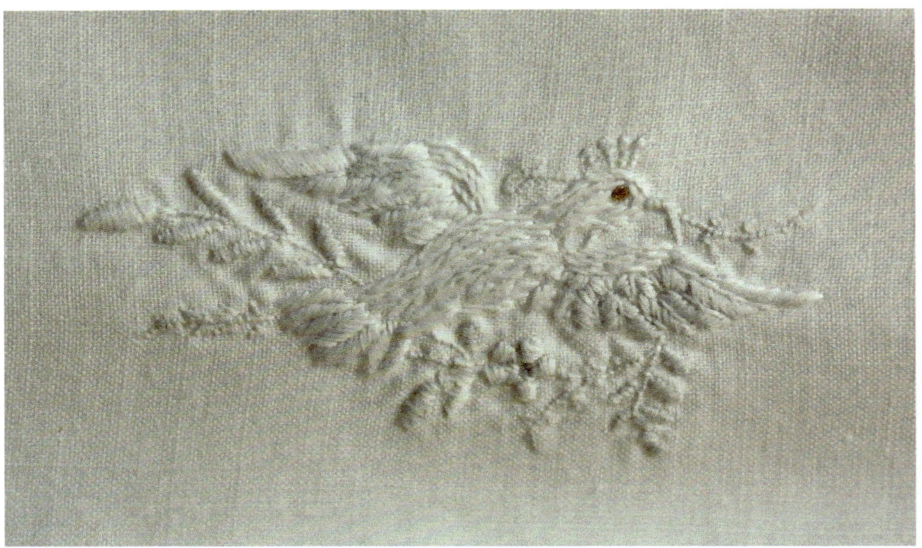

Leinen für Alle
Leinen diente als Kleidung und Wäsche, ebenso zum Transport und zur Aufbewahrung von Lebensmitteln. Manchmal war es zusätzlich kunstvoll bestickt.

Wohltuend und gesund

Bereits seit zigtausenden von Jahren verdrehen die Menschen Flachsfasern zu einem Faden und verarbeiten ihn weiter zu Gewebe und Kleidung. Leinen galt schon immer als gut für die Haut, als wohltuend und gesund. Heute schätzt man Leinen wieder mehr und mehr als wärmeregulierend im Sommer und Winter. Und als ganz besonders angenehm bei Fieber und Hitze.

Leinen für alle Menschen. Noch bis zum verstärkten Aufkommen der Baumwolle Anfang des 19. Jahrhunderts war Leinen die Kleidung für alle Menschen. Für den Tagelöhner und Schreiber. Für den Bauern und Handwerker. Für den König und Klerus. Selbst der Ärmste konnte nicht darauf verzichten. Leinen begleitete die Menschen von der Wiege bis zur Bahre. Als Reinleinen oder verwebt mit Wolle, Seide, Gold und Silber. Später auch mit Baumwolle. Trugen und benutzten die einfachen Leute hauptsächlich das gröbere Leinen, so war bei Adel und Klerus das feinste Leinen in Gebrauch: Batist, Damast und Schleier. Oftmals zusätzlich mit Leinenfäden, Gold und Silber aufwändig bestickt. Als Gardine, Wandbehang und Bettzeug hielt es Kälte ab und verbessert das Wohn- und Schlafklima. In der Küche diente Leinen zum Einschlagen von Schinken und Gemüse, zur Zubereitung von Käse. Lebensmittel wie Grieß, Mehl und Kartoffeln transportierte man in Leinensäcken. Leinen, das mehrfach in Leinöl getaucht und anschließend an der Luft aushärtete, ergab wasserfeste Gefäße für die Küche.

Kostbare Ernte

Für den Eigenbedarf und für den Verkauf. Bauern und Weber bauten den Flachs auf ihren Feldern an. Neben Flandern und Holland lebten in Deutschland ganze Regionen vom Flachsanbau. Die größten Mengen lieferten Schlesien, Böhmen und die Oberlausitz. Je nach Herkommen, Farbe, Länge, Reinheit und anderen Eigenschaften wurde er gehandelt. Aber bis aus Flachs Leinen gewebt werden kann, sind viele Arbeitsgänge erforderlich. Dabei verliert der Flachs viel Gewicht. Gut die Hälfte beim Trocknen. Weitere Kilos durch die sich anschließenden Arbeitsgänge. So bleibt letztlich knapp ein Zehntel des ursprünglichen Gewichts übrig. Die Hälfte ist fein gehechelter, langfasriger Flachs, der Rest ist Werg (kurzfasrige Fasern).

Da selbst oder in naher Umgebung angebaut und verarbeitet, hatten die Menschen einen besonderen Bezug zum Flachs und zu den daraus hergestellten Textilien. Beides war kostbare Ernte eigener Arbeit. Das änderte sich durch die aufkommende Baumwolle. Sie war preisgünstiger, feinfädiger und sofort spinnfähig. Einfacher zu weben, zu färben und zu bedrucken. Auch lag sie weicher auf der Haut, als das meist gröbere Leinen, welches das einfache Volk trug. Zudem machten die mit der Zeit gestiegenen Arbeitslöhne das Leinen teuer. Heute entsteht der Großteil der Textilien aus synthetischen Fasern. Maschinen pressen zähflüssige Substanzen wie benutzte Kunststoffflaschen durch feine Düsen, bevor Kleidung und Wäsche daraus entstehen.

Dieselbe Faser

Ob kräftiges Bauernleinen, seidenzarter Damast oder hauchfeinste Leinenspitzen von früher, sie alle stammen von der gleichen Pflanze – dem gemeinen Lein oder Ackerlein. Er hat lange Stiele und verhältnismäßig wenige Samenkapseln.
Für die seidenweichen Damaste, für Batist, Spitze und Schleier verwendete man die längsten und feinsten Flachsfasern. Dafür säte man den Flachs dichter. So wurden die Flachsstengel länger und die Fasern feiner.

Roh, gesponnen oder verwebt

Vor dem Dreißigjährigen Krieg war die Leinenweberei weitgehend ein städtisches Gewerbe. In Regionen, in denen die Landwirtschaft nichts einbrachte, versuchten auch viele Menschen auf dem Land ihren Lebensunterhalt durch Weberei zu verbessern. Fast in jedem Haus stand ein Webstuhl. Das ärgerte zwar die städtischen Leinenweber, die Kaufleute aber freute es. Sie waren immer auf der Suche nach viel preisgünstiger und guter Ware vom Land. Da Flachs aber nur alle sieben Jahre auf dem gleichen Feld angebaut werden kann, war die Menge dennoch begrenzt. Dem Dorfweber stand meist nur eine geringe Fläche für den Flachsanbau zur Verfügung. Hatte er diesen gesponnen und verwebt, webte er zugekauftes oder das von den Verlegern oder Faktoren (Zwischenhändler unter Obacht des Verlegers) bereitgestellte Garn. Der Bauer verkaufte den Flachs, den er übrig hatte. Roh, gesponnen oder verwebt.
Da Deutschland seinen enormen Leinenbedarf allein nicht decken konnte, wurde schon vor Jahrhunderten Flachs eingeführt. Hauptflachslieferant war lange Zeit Russland. Der Flachs galt zwar als nicht ganz so gut wie der belgische oder der irische, aber dennoch besser als der meiste deutsche[13].

Naturbelassen mit Knitter

Schmiegsam und individuell. Altes Leinen ist von Natur aus schmutzabweisend und flust nicht. Es ist kochfest. Sehr mottenbeständig, bakterien- und pilzhemmend. Es riecht nicht und ist sehr reißfest. Allerdings machen die in den Flachsfasern enthaltenen Pflanzenleime die Fasern steif und nur gering dehnbar. Dadurch kann altes, unbenutztes Leinen anfangs stark knittern. Das gilt manchmal als Nachteil. Aber der Edelknitter lässt durch häufigen Gebrauch und heißes Waschen nach. Nach und nach wird das Leinen individueller und strahlt Lässigkeit aus.

Für fülligen Griff und schönen Glanz ist viel altes Leinen kalandert (geglättet). Das geschieht noch immer ganz ohne Chemie. Heute rüstet man Leinen oft künstlich aus. Es soll zum Beispiel nicht knittern oder einlaufen. Das geht aber fast immer auf Kosten der natürlichen Eigenschaften der Naturfaser Flachs. Deshalb ist altes Leinen temperaturausgleichender, schmutzabweisender und verschleißfester als ausgerüstetes Leinen. Naturbelassen ist es sogar eins unserer am besten absorbierenden Gewebe und deshalb die perfekte Bettwäsche und besonders angenehm bei Fieber und Hitze. Von Natur ist altes Leinen fast ganz antistatisch. Es kratzt nicht, es kitzelt die Haut. Aber anders als andere Textilien lädt es sich durch Reibung nicht auf und stellt den Körper „unter Strom“. Inzwischen gibt es Vermutungen, dass Unruhe, Angespanntheit und Stress auch von synthetischen Fasern in unseren Kleidern herrühren könnten, da sie ständig auf der Haut reiben.

Die leichte Massagewirkung von Leinen auf der Haut dürfte der Grund sein, warum Sebastian Kneipp das Leinen in seinen Schriften immer wieder für eine gesunde Kleidung empfiehlt.

Altes Leinen ist einfach und wirksam. Es sorgt für tiefe Ruhe, hilft zu entspannen und Energien zu wecken. Und es berührt die Seele.

Leinen entsteht

Raufen – Drehen – Weben

Leinen ist aus Flachs gemacht. Die Flachsfaser gewinnt man aus den Stängeln der Flachspflanze (Linum usitatissimum), einer Bastpflanze. Es gibt Faser- und Öllein. Das Öl gewinnt man aus den Samen, die Fasern aus dem Stängel. Im Stängelinneren befindet sich ein Hohlraum. Er ist umgeben von einer holzigen Rinde. Ringsherum liegen Bündel von Bastfasern, bedeckt von einer dünnen Rinde, der Außenschicht. Die einzelnen Flachsfasern sind etwa zweieinhalb bis sechs Zentimeter lang. Durch Leimstoffe (Pektine) sind sie zu etwa 50 bis 90 Zentimeter langen Faserbündeln verbunden. Bis die Flachsfasern spinnfähig sind, sind viele aufwändige Arbeitsschritte erforderlich. Was heute mit Hilfe moderner Maschinen geschieht, erfolgte früher von Hand.

Raufen und Rösten

Im Frühjahr wird der Flachssamen ausgesät. Etwa hundert Tage später blüht er. Meist Zartblau. Der Blaue gilt immer noch als der beste für die Fasergewinnung. Für möglichst lange Fasern rauft (reißt) man die Flachspflanzen bei der Ernte mit den Wurzeln aus dem Boden. So geht nichts von der Faserlänge verloren. Zur Samengewinnung durch Riffeln der Knodden (Samenkapseln) muss der Flachs anschließend trocknen.

Für die Fasergewinnung muss sich die äußere Rinde des Stängels lösen. Sie muss sich zersetzen. Das geschieht bei der Röste (Röte) auf natürlichem Wege, durch Mikroorganismen im Boden oder im Wasser. Bei der Tauröste liegt der geerntete Faserflachs auf dem Acker. Je nach Wetterlage dauert das einige Wochen. Die Wasserröste in Rötegruben (Wasserkuhlen) und Bächen geht schneller. Sie ist in Europa aber aus Umweltgründen inzwischen verboten. Sobald der Flachs „die Schuhe auszieht“, die äußere Schicht sich löst, muss er trocknen. In der Sonne oder in Flachsöfen.

Um die innere holzige Rinde zu entfernen, bricht man das Flachsstroh mehrfach. Früher mit der hölzernen Brake oder der Bokemühle. Beim sich anschließenden Schwingen des Flachses schlug man mit dem hölzernen Schwingmesser gekonnt die holzigen Teile, die Schäben (Scheben), ab. Aus der

Den Faden weben

Bis Flachs zu Leinengarn gesponnen werden konnte, waren viele aufwändige Vorarbeiten notwendig. Die fertigen Garnbündel wurden vor dem Weben mehrfach in Aschenlauge ohne Seife ausgekocht und anschließend gespült.
Nachdem die Webkette auf den Webstuhl gebracht war, begann das Weben. Damit die Leinenkette dabei nicht so schnell reißt, braucht sie eine Schlichte oder hohe Luftfeuchtigkeit. Die Schlichte, ein Mehl-Wassergemisch, bürstete der Weber früher, Meter für Meter, auf die Kette.

abfallenden Heede (Schäben mit Faserfäden) zog manch einer später die längeren Faserfäden heraus. Er zwirbelte sie zu Fäden und strickte daraus grobe Socken. Die Schäben dienen noch heute als Einstreu für Tiere oder für den Bau von Lehmwänden.

In manchen Regionen war das Ribben mit dem Ribbemesser und das Bleuen Ersatz für das Schwingen oder erfolgte im Anschluss daran. Bleuen, das Klopfen der Fasern mit einem Holzhammer, machte den Flachs weicher. Er galt als feiner und gleichmäßiger. Das nachfolgende Hecheln bringt die Faserfäden in eine Richtung. Es trennt die kurzen von den wertvolleren langen Fasern. Dafür zog man früher die Flachsfasern durch immer feinere Eisenkämme. Erst jetzt ist der Flachs spinnfähig. Man drehte ihn kunstvoll zum Wocken. Die kurzen, robusten Fasern (Werg), die beim Hecheln abfielen, hechelte man nochmals. Für Schnüre, Seile oder Sackleinen. Den Flachs verarbeiteten Bauern oder Weber selbst oder verkauften ihn an Händler. Diese brachten ihn zu den Flachsspinnern. Das fertige Garn nahmen sie ihnen gegen Lohn wieder ab.

Weber-, Pack- oder Lothgarn

Beim Spinnen entstanden grobe, feine bis hauchfeine Leinenfäden. Die Webkette erforderte Garn, das besonders gleichmäßig und fest gesponnen war. Das Einschussgarn dagegen war weicher und manchmal auch weniger gleichmäßig.

Das Leinengarn war in Weber- und Packgarn und in Lothgarn unterteilt. Das erstere diente für Leinwand in unterschiedlichen Qualitäten. Besonders in der Gegend des Riesengebirges in Schlesien, Böhmen, dem Hirschberger Tal und der Oberlausitz gab es neben vorzüglichem Flachs kunstfertige Spinner für die allerfeinsten und seidenweichsten Leinenfäden. Aus zehn Gramm Flachs entstanden um die 300 Meter Leinengarn. Als Loth(Lot)garn war es besonders begehrt. 20 Loth (1 Loth = 14 bis 18 Gramm) des feinen Garns kosteten 120 Taler. Ein Großteil ging nach Holland und Flandern. Für Spitzen, sehr feines Leinen und Damaste aus Seide und Leinen.

Schaustätten und Leggen

Damit Leinengarn und Leinenzeug in aller Welt handelbar war, musste es zu Beschaustellen oder Leggen. Nur Garn und Leinen, das einheitlich in Aussehen, Breite, Länge und Qualität war, erhielt den Beschau- oder Leggestempel. War das nicht der Fall, wurde es an Ort und Stelle zerschnitten. Weber, die ihr Leinen nicht der Schaustelle vorlegen wollten, verkauften es auf Märkten. Das waren oft sehr feine Stücke. Sie entsprachen nicht der geforderten Gleichförmigkeit und den notwendigen Maßen.

Die Faser drehen

Aus dem Wocken zogen die Spinner, Frauen, Männer und auch Kinder, nach und nach kleine Faserbündel. Sie drehten sie zu Leinengarn. Leicht angefeuchtete Finger (Speichel, Wasser oder saure Milch) halfen, mit Hilfe der Spindel oder des Spinnrads, einen glatten Faden zu spinnen. Wasser erweicht den in der Flachsfaser vorhandenen Pflanzenleim. Die Bäuerinnen lagerten deshalb ihren Flachs gern auf leicht feuchten Kellerböden. Nur geschickte Radspinner konnten ein sehr feines Garn spinnen. Das Garn wickelte man auf eine hölzerne Haspel und maß dabei die Länge ab. Die fertigen Garnbündel mussten mehrfach in Aschenlauge ohne Seife ausgekocht und gespült werden. Garnsammler legten das ausgekochte Garn den Beschauen oder Leggen vor, bevor sie es an Weber im In- und Ausland verkauften.

Lange galt Leinengarn von der Spindel als das bessere Garn. Um 1810 gab es die ersten Spinnmaschinen für Flachs. Doch die Qualität des Maschinengarns galt viele Jahrzehnte als minderwertig. In den schon länger vorhandenen Baumwollspinnereien ließ sich kein Flachs spinnen. Flachsfasern sind dafür zu lang. Auch stören die Flusen der Baumwolle den Spinnprozess. Für die Verarbeitung in Baumwollspinnereien werden Flachsfasern deshalb künstlich verkleinert, cottonisiert. Als man mehr oder weniger durch Zufall (wieder) entdeckte, dass feuchte Flachsfasern sich besser spinnen lassen, verbesserte sich langsam die Qualität der maschinengesponnenen Leinengarne. Daher wurde bis zur endgültigen Mechanisierung im 20. Jahrhundert das Flachsspinnen im Wesentlichen als Handarbeit betrieben.

Schuss um Schuss

Leinwand – Köper – Atlas

An der Technik des Webens, Heben und Senken der Fäden, hat sich seit tausenden von Jahren nichts geändert. Die senkrecht angeordneten Fäden sind die Kettfäden. Sie heißen in ihrer Gesamtheit Kette. Die waagerecht verlaufenen Fäden sind die Schussfäden, der Schuss. Sie werden beim Weben nacheinander eingeschossen. Dadurch verkreuzen sich die Fäden zu einem Gewebe. Die Art und Weise wie sich Kette und Schuss kreuzen, bezeichnet man als Bindungsart. Sie beeinflusst die Eigenschaften des Gewebes. Es gibt drei Grundbindungsarten: Leinwand, Köper und Atlas.

Leinwand

Die Leinwandbindung (Leinenbindung) ist die einfachste Bindung. Die beiden Gewebeseiten sehen gleich aus. Jeder Schussfaden liegt abwechselnd unter oder über einem Kettfaden. Es ist die Bindung mit der dichtesten Verflechtung von Kett- und Schussfäden. Das macht das Leinenzeug scheuerfest. Die Gewebefäden lassen sich nicht verschieben. Gerstenkorn- und Panamagewebe sind Ableitungen der Leinenbindung.

Heben und Senken

Beim Weben hebt und senkt sich je nach Bindung und Muster jeweils nur ein bestimmter Teil der Kettfäden. Für die einfachste Bindung, die Leinenbindung, lässt sich am Tischwebstuhl die Kette noch von Hand teilen. Einfacher geht es mit dem Schaftwebstuhl. Er benötigt dafür zwei Schäfte. Das sind jeweils zwei dünne Holzleisten, zwischen denen senkrecht Fäden oder Litzen mit Ösen (Litzenaugen) gespannt sind. Jeder Kettfaden ist einzeln durchgefädelt. In einem Schaft sind alle geraden Kettfäden eingezogen. In dem anderen alle ungraden. Jeder Schaft ist oben am Webstuhl befestigt und unten mit einem Tritt (Fußpedal) verbunden. Durch einen Tritt auf das Fußpedal heben und senken sich die Kettfadengruppen mit Hilfe der Schäfte. Das Webfach entsteht. Der Weber kann den Schussfaden einschießen. Manche Muster benötigen 40 und mehr Schäfte. Beim Zugwebstuhl bewegen Schnüre die Kettfäden, die zur Musterbildung erforderlich sind.

Leben und Weben

Ein Gewebe wird oft als Lebensbahn gedeutet. Es besteht aus tausenden von Fäden. Alle sind notwendig und gleichwertig. Und jeder Faden hat seine eigene Struktur. Auch wir Menschen sind zahllos und individuell. Und wir brauchen andere Fäden, um Verbindungen zu schaffen. Die im Webstuhl eingespannten Kettfäden sind vorgegeben. Sie symbolisieren Rahmenbedingungen wie Ort, Zeit und Familie. Wir können sie nicht beeinflussen. Welchen Schuss wir aber eintragen, wie wir unsere Kette abweben, liegt an uns und bietet viele Möglichkeiten. Diese Grundprinzipien des Webens und Lebens erklären auch das häufige Auftauchen dieses Themas in Mythologie und Märchen. Auch grundlegende Wesensmerkmale der Mathematik, wie zum Beispiel Teilbarkeiten oder unsere Vorstellung von Gerade und Ungerade (ein Faden gehoben, ein Faden gesenkt) haben vermutlich ihren Ursprung in der jahrtausendealten Technik des Webens.

Köper

Die Köperbindung erkennt man an den deutlich schrägen Linien im Gewebe, den charakteristischen Köpergraten wie man sie auch von der Jeans kennt. Die Geweberückseite sieht leicht anders aus. Der Schussfaden liegt im Wechsel unter einem Kettfaden, danach über mindestens zwei Kettfäden. In der nächsten Reihe verschiebt sich dieser Rhythmus um einen Faden zur Seite. Ein besonders festes, strapazierfähiges Köpergewebe ist Drell oder Twill. Er war als Bettdrell und für Arbeitskleidung sehr beliebt

Neben Kett- und Schussköper gibt es Spitz-, Doppel- oder Eingrat- und Mehrgratköper. Spitzköper wie Diamantmuster oder Gänseaugen (Bild links) erkennt man an den gezackten Linien im Gewebe. Doppelköper sieht auf beiden Seiten gleich aus. Ein Eingratköper zeigt gleich breite Köpergrate, Mehrgratköper unterschiedlich breite.

Atlas

Atlasgewebe soll glänzen und weich fließen. Das erreicht man durch lang und unverkreuzt (flott) liegende Fäden. Der Glanz ist abhängig vom Lichteinfall. Bei der Atlasbindung laufen die Fäden, anders als beim Köper, nicht mindestens über zwei, sondern über mehr Fäden. Deswegen glänzen atlasbindige Stoffe stärker und fallen fließender. Bei einem fünfbindigen Kettatlas (Schussatlas) läuft beispielsweise jeder Kettfaden (Schussfaden) im Wechsel über mindestens vier aufeinanderfolgende Schussfäden (Kettfäden), dann unter einem Schussfaden (Kettfaden). In der nächsten Reihe verlagert sich das um mindestens zwei Kettfäden. Vorder- und Rückseite sehen unterschiedlich aus. Zu den bekanntesten Atlasgeweben zählen Damast und Jacquard.

Das Leinen bleichen

Der Preis des Leinens richtet sich neben Güte, Länge und Breite auch nach dem Weißgrad. Von Natur aus ist Leinen flachsfarben bis blond. Sein Farbton hängt von der Dauer und den Umständen des Röstens ab. Dafür verantwortlich sind winzige Pflanzenreste, die an der Flachsfaser verbleiben. Soll das Leinen weißer oder gefärbt werden, muss es vorher zur Bleiche. Anders als heute kam Leinengarn früher nur zur Bleiche, wenn es später zwei- oder mehrfarbig gewebt werden sollte. So verhinderte man das Ausbleichen der Farben. Auf dem Land war es üblich, die langen nassen Leinenstücke auf den Bleichwiesen nur mit Hilfe von Sonne, Mond und Wasser zu bleichen.

Vor der Bleiche musste das Leinen mehrfach auskochen. Mancherorts weichte man es vorher zusätzlich in Molke ein. In Westfalen kam es in die Bük, ein hölzernes Fass mit Ablassloch. Obenauf lag ein mit Buchenasche gefülltes Kopfkissen und etwas braune Seife. Je mehr Seife, desto heller das Leinen. Mit kochendem Wasser bedeckt blieb das Leinen über Nacht stehen. Am nächsten Morgen schob man das schwere nasse Leinen mit der Schubkarre an den Bach oder zur Wasserkuhle, um es mehrmals zu spülen. Diese schwere Prozedur wurde zwei- bis dreimal wiederholt, bis das Leinen deutlich heller war. In anderen Regionen kam es nach dem Auskochen mit Pottasche oder Soda und brauner Seife ungespült auf die Rasenbleiche.

Auf den Bleichwiesen spannte man die Leinenbahnen mit Holzpflöcken an extra angenähten Ösen fest. Das Leinen durfte das Gras nicht berühren. Etwa alle zwei Stunden mussten die Bleichstücke tagsüber mit Wasser besprengt werden. Sie blieben so lange auf der Bleiche, bis der gewünschte Weißton erreicht war. Je nach Witterung dauerte die Rasenbleiche etwa zwei bis sechs Wochen. Da Leinen begehrt war, wurde es entweder nachts bewacht oder abends abgenommen und morgens wieder aufgespannt. Mancherorts kam es nachts auch wieder in kochende Lauge.

Für städtisches und roh aufgekauftes Leinen vom Land gab es ab Mitte des 15. Jahrhunderts erste Garn- und Gewebebleichereien. Sie waren von unterschiedlicher Güte. Galten die Bleichen bei Hamm, Bielefeld, Braunschweig und Ulm als schön, waren die sächsischen Bleichen in der Oberlausitz für ihr Weiß berühmt. Gewerbliche Bleichereien setzten neben Wasser, Sonne und Mond auch Hilfsmittel wie Chlorkalk ein. Das geschah sorgsam, damit das Leinen keinen Schaden nahm.

Nach der Bleiche wurde das Leinen geglättet. Zum Ende des 18. Jahrhunderts mit hölzernen Kalandern. Das waren drei dicke Buchenholzwalzen, die durch mehrere Tonnen Feldsteine fest aufeinander gepresst wurden. Das Leinen glitt darunter immer wieder hin- und her. Es wurde dichter, glatter und damit glänzender.

Das besondere Weiß
Durch reine Rasenbleiche, mit Hilfe von Sonne, Mond und Wasser, zeigt das alte Leinen unterschiedliche Weißschattierungen.

Das weiße Gold

Am berühmtesten waren die holländischen Bleichen bei Haarlem. Sie schadeten dem Leinen am wenigsten und erzielten ein unnachahmliches Weiß. Als weißes Gold war es weit über die Grenzen begehrt. Auch aus Frankreich und Deutschland brachte man Leinen dorthin.

Bis zu vier Monate dauerte es, bis sich das holländische Weiß zeigte. Das Leinen legte man vor der Bleiche wochenlang in Buttermilch oder saurer Milch ein. Danach lag es direkt auf dem Gras. Man besprengte es in regelmäßigen Abständen immer wieder mit einer Mischung aus Buttermilch und Regenwasser. Andere Haarlemer Rezepte berichten von Einweichen, Auskochen und Ziehenlassen in einer leichten Lauge aus Weidasche (Pottasche aus Eichenholz). Nach dem Auskochen mit brauner Seife, Walken in Buttermilch und saurer Milch und nochmaligem Auskochen kam das Leinen dann auf die Bleiche.

Das holländische Weiß war so begehrt, dass Leinenhändler auch deutsches Garn und Leinenzeug in Haarlem bleichen ließen. Von dort verkauften sie es ohne genaue Herkunftsangabe als holländisches Garn oder Leinwand. Bis nach Amerika, Afrika und weiter.

Leinen aufspüren

Flammen – Webkanten – Webmuster

Altes Leinen ist meist Aussteuerware von früher. Traditionell von der Mutter an die Kinder weitervererbt. Mit Blümchen, Figuren, Jagd- oder historischen Motiven. In einer Qualität, die es heute kaum noch gibt.
Altes Leinen erkennt man an seinem besonderen Weißton, an seinen Flammen und an seinen Webkanten. Es zeigt viele unterschiedliche Weißschattierungen, von weißgrau bis sanftweiß, ist aber nie so hartweiß wie Baumwolle. Und anders als die weiche Baumwolle hat Leinen eine ganz eigene Griffigkeit und fühlt sich kühl und glatt an.
Altes Leinen ist stark und robust und wird uralt. Ein Großteil des alten Leinens stammt aus der Zeit von etwa 1850 bis 1950. Vereinzelte Stücke sind auch deutlich älter. Als alt gilt Leinen, wenn es mindestens 50 Jahre ist. Manches ist steif und gelb vom langen Liegen. Anderes bereits wunderbar geschmeidig.
Altes Leinen gibt es in den unterschiedlichsten Maßen und Qualitäten. Und aus unterschiedlichen Epochen. Mit oder ohne Gebrauchsspuren. Auch ganze Leinenrollen warten auf ihre Liebhaber. Manchmal zeigen sie die handschriftliche Markierung des Webers, den Beschaustempel oder die Webereimarke. Ist das Leinen auf der Rolle sehr glatt und glänzt stark, kann es sich um weniger feines Leinen oder um Halbleinen handeln. Für festeres und dichteres Aussehen wurde es manchmal gewachst oder mit Stärke appretiert. Beides wäscht sich aus.

Mit Flammen

Am sichersten erkennt man Leinen an seinem typischen Faden. Anders als ein Baumwollfaden ist ein Leinenfaden niemals ganz glatt. Er zeigt immer Flammen. Das sind unregelmäßig verteilte längliche Verdickungen. Je länger und feiner der verwendete Flachs, desto weniger und desto feiner sind die schlanken Verdickungen. Diese natürlichen Unregelmäßigkeiten sind weder ein Zeichen von Verschleiß noch von minderer Qualität. Sie sind in der Flachsfaser selbst begründet. Und gerade das macht die einzigartige Lebendigkeit von Leinengewebe aus. Runde Verdickungen im Leinen dagegen sind Knoten. Sie deuten auf gerissene Fäden.

Bei handgesponnenem dickem Leinengarn sind die länglichen Verdickungen deutlich sichtbar. In feinem bis hauchfeinem Leinen entdeckt man sie am besten im Gegenlicht.

Mit Webkanten

Altes Leinen hat zwei echte Webkanten. Webkanten sind die festen Längsseiten des Leinenzeugs (Bild links). Sie sind weder geschnitten noch gesäumt und gelten als Qualitätsmerkmal. Webkanten ersparen das Versäubern, da nichts ausfransen kann. Für Webkanten wird der Schussfaden an den seitlichen Enden der Stoffbahn immer wieder endlos hin- und hergeführt. Das dauert länger, führt aber zu höherer Stabilität und Haltbarkeit des Gewebes. Heute webt man fast nur noch breit. Anschließend schneidet man das Gewebe der Länge nach in passende Breiten und säumt seitlich.

Reinleinen oder Halbleinen

Laufen die Flammen im Gewebe sowohl senkrecht als auch waagerecht, handelt es sich um Reinleinen, 100 Prozent Leinen. Laufen sie nur waagerecht, handelt es sich um Halbleinen. Bei Halbleinen ist die Kette meistens aus Baumwolle und der Schussfaden aus Leinen. Beim sächsischen Federleinen ist es umgekehrt. Baumwolle ist immer leicht flusig und reibt sich wollig, Leinen dagegen nicht. Baumwollfäden vereinfachen das Weben, da sie ohne Verdickung sind. Auch auf den Höfen verwendete man deshalb durchaus Baumwollgarn für die Webkette.

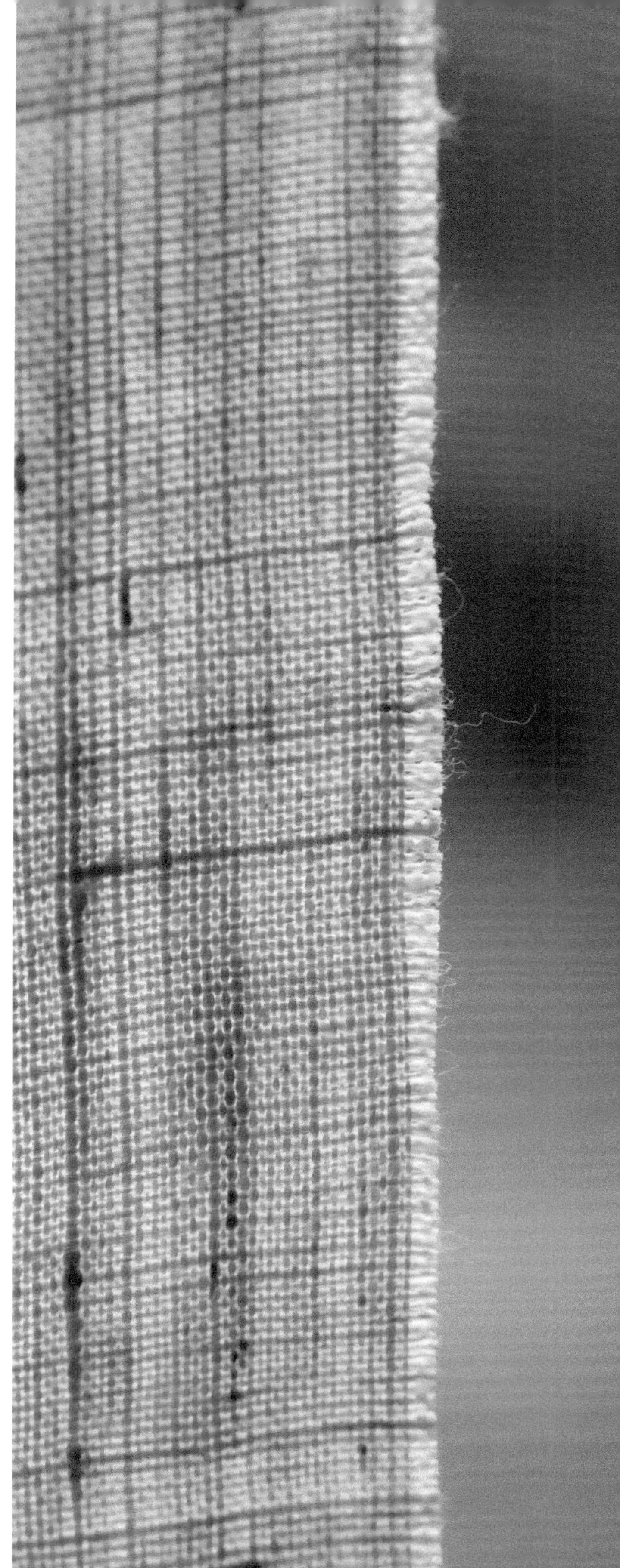

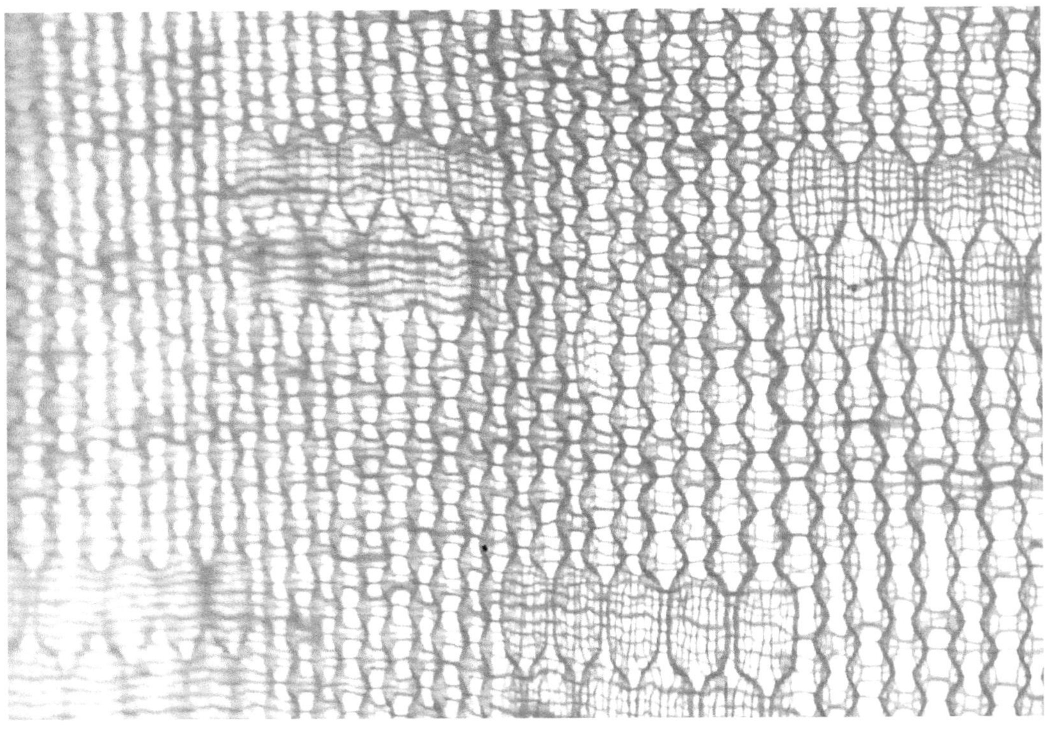

Gedreht

Zartes Drehergewebe aus sehr glattem Leinengarn.

Ausdrucksstarke Webmuster

Altes Leinen gibt es von kräftig bis hauchfein. Je feiner der verwendete Leinenfaden, desto seidenartiger und glänzender das Gewebe. Obwohl umgangssprachlich manchmal so bezeichnet, ist es kein Seidendamast. Meist handelt es sich um Jacquardware. Nur in den aller seltensten Fällen ist es echter Damast. Entdeckt man ein locker-leichtes Gewebe aus klarem Leinengarn, kann es eine Leinengardine in Dreherwebung oder ein weniger durchsichtiges Schleiergewebe aus dem Hirschberger Tal sein.

Auf der Suche nach altem Leinen stößt man immer wieder auf äußerst ausdrucksstarke Webmuster. Auf broschierte oder bestickte Gewebe. Auf Hand- und Tischtücher aus kräftigen Leinenfäden in unwiederbringlicher Webart. Dazwischen lockt Köpergewebe mit Webmustern wie Diamant, Gänseaugen oder Pflaumenstein. Auch echter Pikee und Gerstenkorn in ungewöhnlichen Varianten ist noch vorhanden. Ältere Webmeister kennen manch fast vergessene Muster noch. Zu weben aber weiß sie heute kaum einer mehr.

Von Hand

Leinenzeug bis etwa Anfang des 20. Jahrhunderts ist meist aus handgesponnenem Garn und handgewebt. Die Weber zogen die gleichmäßig gesponnenen Handgarne, trotz Einführung der Flachsspinnmaschine noch sehr lange den anfangs minderwertigen Maschinengarnen vor. Etwa Mitte des 19. Jahrhunderts kam der mechanische Webstuhl mehr und mehr in Benutzung. Dennoch webte man Leinen bis fast zum Ende des 19. Jahrhunderts überwiegend von Hand. Ob das Leinen hand- oder maschinengewebt ist, ist für Laien nicht ganz einfach zu erkennen. Ungleichmäßigere Fäden und Webränder und kleine Webfehler deuten auf Handgewebtes. Aber bei sehr feinem Leinen ist die Abgrenzung schwierig. Die besten Flachsspinner sponnen den Flachs unglaublich regelmäßig und hauchfein. Und die meisten Weber webten fehlerlos und äußerst gleichmäßig.

Zart broschiert

Aufwändig broschierte Leinenservietten mit Fransen schmückten früher die Festtafel oder den Kaffeetisch.

Mit Mittelnaht

Alte Tisch- und Bettwäsche erkennt man an der Mittelnaht. Noch bis etwa Anfang des 20. Jahrhunderts nähte man für die notwendige Breite zwei lange Leinenbahnen der Länge nach aneinander. Webkante an Webkante. Mit kleinen Stichen von Hand. Das hielt viele Wäschen stand. War die Mitte des Lakens dünn geworden, trennte man die Naht auf und nähte dann die beiden anderen Webkanten aneinander. Überbreit gewebtes Leinen, ganz ohne Naht, findet man nur selten. Nur Adel und Kirche konnten sich breite Leinentücher leisten. Bettwäsche von früher ist meist 1,50 bis 1,60 Meter breit, aber oft nur 1,80 Meter lang. Die alten Unterlaken messen 2,50 bis 2,80 Meter, die Ober- oder Überschlaglaken etwa 2 Meter. Dessen oberes Lakenviertel ist fast immer bestickt. Diese Schmuckkante schlug man über das Federbett, so dass die Stickerei obenauf lag.

Paradekissen – Federschütte

Mit etwas Glück spürt man Paradekissen oder Federschütten auf. Paradekissen sind prächtig bestickte oder mit viel Spitze und Fältchen versehene Kissenbezüge. Aus feinem Leinen gehörten sie noch bis Mitte des 20. Jahrhunderts zur Aussteuer. Sie waren Schmuck und lagen nur obenauf. Auf dem unteren Kissen schlief man, nachdem man es vorher umgedreht hatte.

Unterkissen fürs Bett waren Federschütten oder Federritte. Sie sind deutlich älter als 50 Jahre. Die derben Kissen haben wie ein Inlett eine Federfüllung und sind kochfest. Damit die Federn nicht durch die Kissenecken stießen, schützte sie ein Überzug aus Leder. Federschütten oder -ritte sind genau wie die dafür verwendeten blaugestreiften Köperstoffe inzwischen sehr rar. Die dicht gewebten Leinenstoffe webte man vor allem in Süddeutschland.

Blaue Streifen

Unterkissen aus blaugestreiften Köperstoffen sind sehr robust. Sie gelten als Rarität.

Kleine Leinengeschichte

Der Flachs zählt zu den ältesten Kulturpflanzen der Menschheit. Im September 2009 entdeckten Forscher der Universität Harvard Reste von Flachsfasern in einer Höhle im Kaukasus. Sie datierten sie auf etwa 34.000 bis 32.000 vor Christi. Derzeit gelten sie als die ältesten Flachsfasern. Auch in Europa gibt es frühe Hinweise auf Leinen. Als Julius Cäsar die Gallier (50 v. Chr.) besiegte, soll er von den hochwertigen Leinentextilien aus den Ebenen von Flandern (Belgien) beeindruckt gewesen sein. Bekannt ist auch die Vorliebe Karls des Großen für Leinwand. Er sorgte per Gesetz für dessen Aufschwung.

Im 13. Jahrhundert perfektionierte ein französischer Weber mit Namen Baptiste eine extrem feine Webtechnik. Als Batist wurde es zum „Tuch der Könige". Zu Ende des 13. Jahrhunderts wird erstmals ein Spinnrad erwähnt, das von Hand angetrieben wird. Etwa 200 Jahre später erfindet man in Deutschland das Flügelspinnrad, bei dem der Fuß das Rad in Bewegung setzt. Ab 1666 führten die Gebrüder Lange in der Lausitz die Damasttechnik ein. Die hier zwischen dem 17. und 19. Jahrhundert gefertigten Damaste zählen zu den Höhepunkten des europäischen Kunsthandwerks. Im späten 17. Jahrhundert flüchteten tausende französische Leinenweber mit ihrem Wissen und Können auch nach Deutschland. Bereits 1728 steuerte ein Seidenweber aus Lyon seine Webstühle mit gelochten Holzbrettchen. Fünf Jahre später erfand man den Schnellschützen. Er verdoppelte die Webgeschwindigkeit. Das bislang von Hand geworfene Weberschiffchen konnte mit Schnur und Treiber blitzschnell von einer Seite zur anderen gezogen werden. 1785 gab es den ersten vollmechanisierten Webstuhl. Ende des 18. Jahrhunderts die erste dampfbetriebene Webmaschine. 1805 konstruierte Jacquard den Jacquardwebstuhl. Erstmals ließ sich jeder Kettfaden einzeln steuern. Etwa fünf Jahre später wird eine Spinnmaschine für Flachs entwickelt. Doch die Qualität des Maschinengarns ist noch lange minderwertig. Daher wird bis zur endgültigen Mechanisierung im 20. Jahrhundert das Flachsspinnen im Wesentlichen in Heimarbeit betrieben.

Streifen, Karos und Blümchen

Gefärbt. Kariert. Geblümt. Unter solchen Fundstücken finden sich manchmal äußerst interessante Leinenschätze. Alte Küchenwäsche aus Leinen ist meist rot-, seltener blaugestreift. Das rührt vermutlich daher, dass Rot schon früh, besser als andere Farben, besonders licht- und waschecht war. Dagegen blutet dunkelbuntkariertes Leinen bei Heißwäsche gern aus. Sind die eingewebten Farben stellenweise verblasst, deutet das auf Färbung mit Naturfarben hin und das Leinen ist sehr alt. Mit Blümchen bedrucktes Leinenzeug diente als Bettwäsche, Kleider- oder Schürzenstoff. Heutzutage gilt es als große Rarität. Im Vergleich zur Blümchenwäsche aus Baumwolle sind die auf glattem Leinen gedruckten Muster deutlich klarer und strahlender im Aussehen. Sie stechen direkt ins Auge. Aber nur äußerst selten entdeckt man ein mit Blümchen bedrucktes Leinenstück zwischen all der bedruckten Baumwollware.

Handgefärbt

Auf dem echten Bauernleinen zeigt sich die Farbe stellenweise verblasst. Das lässt auf Färben mit Naturfarben und hohes Alter der Tischwäsche schließen.

Bauernleinen und Batist

Von Bauern und für Könige

Das Leinenweben gehörte wie andere Handwerke eigentlich in die Städte. Eine Ausnahme bildeten die Bauern und die Weber auf dem Land. Sie sponnen ihren Flachs weitgehend selbst und webten ihn zu Leinen. In manchen ländlichen Regionen kam das ausgekochte Garn vor dem Weben auf einen Holzklotz. Mit einem breiten, flachen Holzhammer schlug man immer wieder sorgsam darauf ein, bis es besonders schön weich war. Was an Flachs oder rohem (ungebleichtem) Garn übrig war, wurde verkauft.

Der feinste Faden ergab die beste Leinwand. Daraus schneiderte man Leibwäsche. Die sogenannte Hausleinwand, die gemeinen Leuten hauptsächlich zum Gebrauch diente, wurde vielfach von Webern auf dem Land gewebt. Der Flachs dafür wurde manchmal selbst angebaut, selten selbst gesponnen und verwebt. Fest verpackt in kräftigem Papier liegt Hausleinwand in Rollen zu 20 und mehr Metern.

Kernig und ausdrucksstark

Das Leinen vom Land war meist etwas gröber und nicht so hell gebleicht wie städtisches Leinen. In manchen Regionen wie Westfalen und Bayern heißt es Bauernleinen. In anderen Regionen, wie in der einstigen Leinenhochburg Lausitz kennt man die Bezeichnung dagegen nicht. Hier gab es nach dem siebenjährigen Krieg (1756–1763) eine klare Trennung zwischen Leinen vom Land und Leinen aus der Stadt.

Bauernleinen und Leinen vom Land ist meistens handgesponnen und handgewebt. Das Garn ist unregelmäßiger und vielfach nicht gleichmäßig fest gesponnen. Oft finden sich kleine Webfehler und die Webkante verläuft nicht ganz gerade. Es kann auch nur Halbleinen sein.

Echtes Bauernleinen

Echtes Bauernleinen ist immer auf dem Hof angebaut, dort von Hand selbst gesponnen und gewebt. Es ist nur selten über einen Meter breit. Noch bis um etwa 1955 wurde auf manchen Höfen Flachs von Hand gesponnen und zu unterschiedlichem Leinen gewebt. Nach dem Weben teilte man die Leinenbahn in zwei Rollen zu je 10 bis 12 Metern. Anschließend wurde jedes Leinenstück zu zweit und von der Mitte aus kunstvoll aufgerollt.

Durch reine Rasenbleiche zeigt Bauernleinen leicht weißgräuliche Schattierungen. Da vielfach ungleichmäßiger gesponnen und gewebt ist Bauernleinen ganz besonders lebendig und faszinierend im Aussehen.

Hauchfein und durchsichtig

Fein, besonders fest und dennoch durchsichtig ist der Leinenbatist. Dafür verwendete der Weber nur allerfeinste und ungewöhnlich lange Fäden vom allerfeinsten Flachs. Woher der Batist stammt, ist bislang nicht geklärt. Im 13. Jahrhundert perfektionierte Jean Baptiste aus Cambrai das Batistweben. Auch Weber in Böhmen, Schlesien und in der Gegend um Ravensburg webten Leinenbatist. Er wurde zum Tuch der Könige.

Da die Fäden beim Batist so nah zusammen liegen, müssen sie sehr glatt und ohne Knoten gesponnen sein. Damit die außergewöhnlich feine Leinenkette beim Weben nicht riss, stand der Webstuhl in einem feuchten Keller. Auch Kammertuch und Linon unterscheiden sich durch ihre Festigkeit von jedem anderen Leinengewebe. Sie sind aber nicht ganz so dicht und dauerhaft wie Batist. Aus dem Batist entwickelte sich in Schlesien in der zweiten Hälfte des 16. Jahrhunderts der Leinenschleier. Ein lockeres, leichtes Gewebe aus klarem feinstem Leinengarn. Es war in der ganzen Welt begehrt und verhalf den schlesischen Schleierherren zu sehr großem Reichtum.

Neuer Auftritt für altes Leinen

Altes Leinen aus Schrank und Truhe ist wertvoll und rar. Viel zu schade, um es liegen zu lassen oder zu zerschneiden. Die folgenden Nachmachideen geben ihm eine neue Bedeutung, einen neuen Auftritt. Bei manchen Beispielen ist es die raffinierte Umnutzung. So verwöhnen Tischdecken ganz ohne Nähen als Bettlaken, Badetuch oder Gardine. Unter Tischdecken schläft es sich ganz tiefenentspannt. Als Badetücher sind sie leicht und dünn. Sie trocknen blitzschnell und lassen sich überallhin mitnehmen. An die Gardinenstange geklipst, zaubern sie sanftweißes Licht in jede Wohnung. Andere Ideen sind etwas aufwändiger, erfordern aber nur wenig Näharbeit. Eine Nähmaschine ist dafür aber keinesfalls zwingend erforderlich. Nadel und Faden reichen.

WOHNEN

RUHE WEITE LICHT

Kein anderes Material bietet solch einen Lichteinfall wie feines altes Leinen: sanftweiß wie gewebtes Mondlicht. Lange Vorhänge aus weißem alten Leinen schaffen ein Gefühl von Ruhe und Klarheit. Von Weite und Licht. Sie wirken sachlich und leicht. Leinenvorhänge sind fast unverwüstlich und bleiben lange sauber. Sie ziehen weder Staub noch Schmutz an, da Leinen fast ganz antistatisch ist. Außerdem sind sie gut fürs Raumklima. Denn altes Leinen hat die wunderbare Fähigkeit, viel Luftfeuchtigkeit aufzunehmen und schnell wieder abzugeben. Deshalb werden Leinenvorhänge bei hoher Luftfeuchtigkeit schwerer und länger. Wird die Luft trockener geben sie die Feuchtigkeit wieder an die Raumluft ab und erhalten ihre alte Länge zurück.

Vorhänge von der Rolle

Sanft wie Mondlicht scheint das Licht durch Gardinen aus altem Leinen. Die notwendige Länge der Gardinen mit großzügiger Saum- und Nahtzugabe von einer breiten Leinenrolle abschneiden. Für die entsprechende Breite schmale Leinenstücke der Länge nach, Webkante an Webkante, aneinander nähen. Unten breit säumen. Oben umschlagen und auf der linken Seite ein Faltenband aufnähen. Gardine in Falten schieben, Röllchen einhaken und an der Gardinenschiene befestigen.

Geblümter Vorhang

Geblümte Bettwäsche aus Leinen zeigt als Gardine ihr klares Muster. Dafür Bettbezüge auftrennen. Anschließend lang oder quer mit Ringklipsen an einer Stange oder mit aufgenähtem Reihband an einer Gardinenschiene aufhängen. Bei Längsverarbeitung einen breiten Saum arbeiten. Für die passende Länge eventuell zusätzlich Querfalten abnähen.
Gut erhaltene Knopflöcher und Originalknöpfe möglichst nicht verstecken. Sie zieren.

Haselnusszweig als Gardinenstange

Große broschierte Servietten als kurze Gardinen mit Ringklipsen an einem Haselnusszweig befestigen. Oder ein Kupferrohr als Gardinenstange verwenden. Mit etwas Glück findet man schöne Gardinenklipse auf dem Trödel oder im Schrank.

Lieblingskissen

Hand- oder Ziertücher aus altem Leinen lassen sich einfach zu einem Kissen nähen. Dafür das Leinentuch so zusammenlegen, dass ein kurzes Ende das andere mindestens 10–15 cm überdeckt. Monogramm oder Stickerei sollten obenauf liegen.
Die außenliegenden Webkanten jeweils mit feinen Überwendlichstichen zusammennähen.

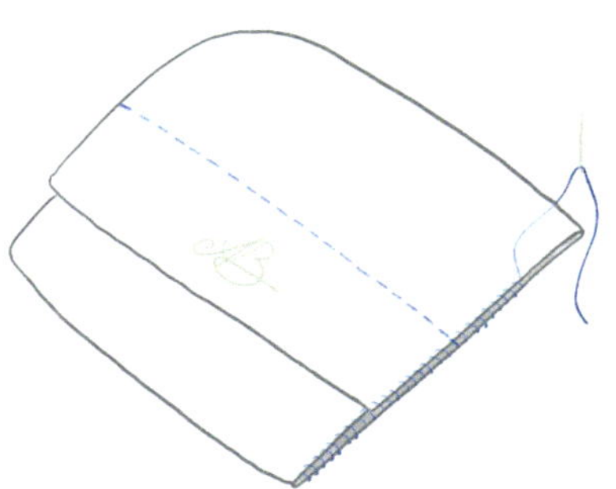

feste Masche (je 2)

Luftmasche (je 7)

Kordel aus Stickgarn zwirbeln und wie Schuhband einfädeln

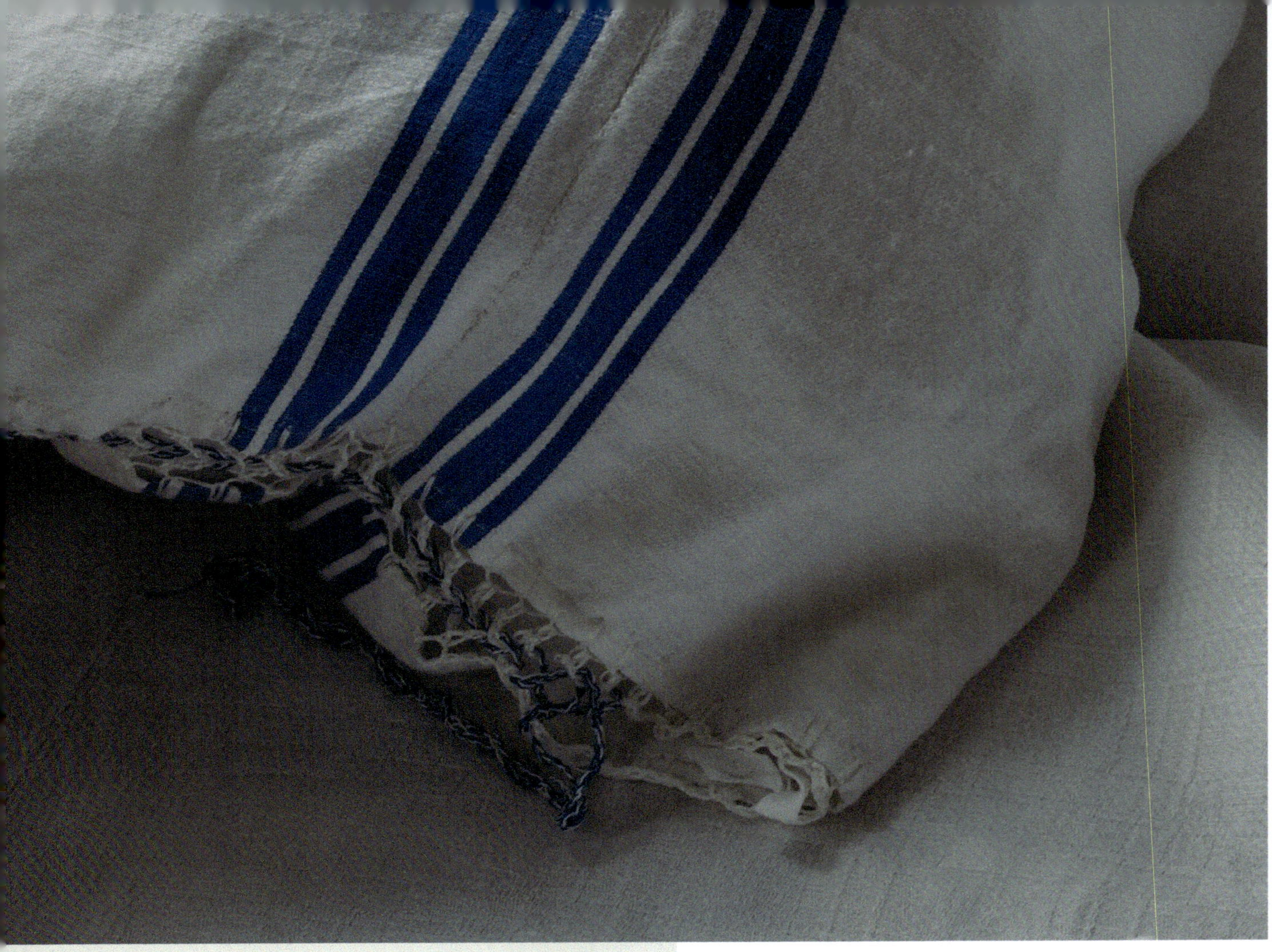

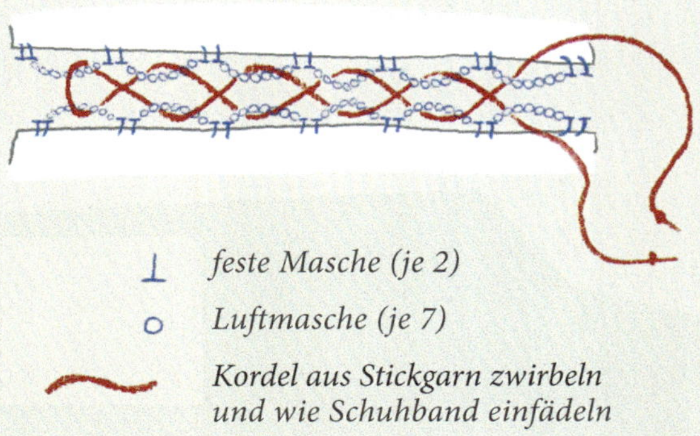

Langes Kissen mit Polsterlverschluss

Zwei Handtücher der Länge nach links auf links aneinander nähen. Dafür Naht auf Naht legen, ein Ende zunähen.

Einen Polsterlverschluss nach der Zeichnung links aus dickerem Stickgarn anhäkeln. Mit einer mehr als doppelt so langen Kordel aus Stickgarn wie Schuhe zuschnüren.

Nackenrolle mit Schafwollfüllung

Ein Handtuch der Länge nach aneinander nähen. Enden jeweils 2–3 cm breit säumen, dabei eine kleine Öffnung zum Einziehen der Kordel lassen.
Kordeln einziehen, ein Kissenende zuziehen. Füllung einschieben. Die zweite Kordel zusammenziehen und zur Schleife binden.

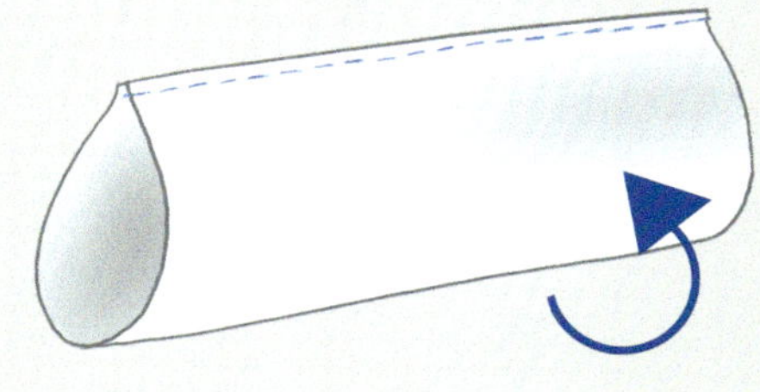

Kissen für die Wand

So wird's bequemer!
Ein breites Bettkissen rechts und links mit je einer ledernen Hundeleine oder kräftigen Lederschnur abbinden und aufhängen.

Glückliche Reise

Eine äußerst akkurate Stickarbeit aus Seiden- und Kupfergarn schmückt das alte Koffertuch. Die Seiten sind, links auf links, zum Kissen geschlossen. Handgearbeitete rote Knopflöcher zum Zuknöpfen waren noch vorhanden.

Einkaufstasche aus kräftigem Handtuch

Für die Taschengriffe aus kariertem Leinen zwei etwa 40 x 10 cm lange Rechtecke an den kurzen Enden schmal säumen. Zu Schläuchen nähen, umstülpen. Ein 2,40 m langes Gurtband durch beide Schläuche ziehen. Die Schnittkanten des Gurtbandes 4 cm aufeinander nähen. Anschließend von links mit etwa 18 cm Abstand so auf das Handtuch nähen, dass die Griffe oben liegen. Nach Belieben dabei ein umsäumtes Rechteck als Innentasche mitfassen. Untere Innentaschenkante festnähen. Seitennähte schließen. Tasche umstülpen. Die unteren Taschenspitzen jeweils zum Dreieck falten und abnähen. Die Spitzen des Dreiecks jeweils nach oben auf die Naht ziehen und das Dreieck festnähen.

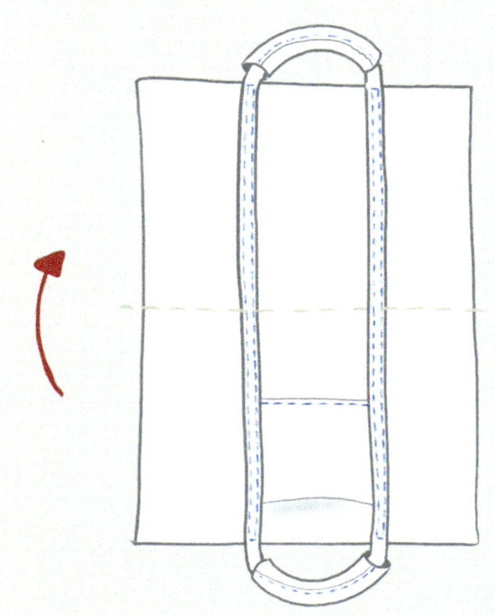

Üppig bestickt

Die beiden Gesichtshandtücher vom Flohmarkt sind üppig und Ton in Ton mit einem Monogramm bestickt. Nun schmücken die schmiegsamen Leinentücher den Tisch.

Spitzensammlung

Auf dem dunklem Holz des alten Truhenschrankes kommt die feine Sammlung der unterschiedlichsten Handarbeitstechniken besonders gut zur Geltung.
Die Spitzendeckchen sind ganz unterschiedlich filigran gearbeitet. Ein kleiner flacher Kieselstein liegt dazwischen. Überspannt mit einem Rest alter Klöppelspitze. Auf der Rückseite gehalten von einem dünnen Gummiband. Geklöppelte Blättchen bilden eine Blüte.

Eingefärbt

Große Herrentaschentücher aus feinem Leinenbatist sind schöne Servietten. Sie lassen sich mit Textilfarbe einfach färben, farblich passend zum Porzellanservice.

Reicht für Zwei

Das alte Fenstertuch reicht als Tischtuch für zwei Gedecke. Wer zwei Tücher besitzt, der kocht gleich für Vier.

Schöne

Feine Arbeit

Eine kleine Sammlung unterschiedlicher Muster- und Probeläppchen schmückt die Wand.
Nähte, Flicken, Stopfen und Stickereien entstanden vor vielen Jahrzehnten über viele Monate in mühseliger Feinarbeit. Das älteste Mustertuch (Bild links, oben) ist aus zartem Batist. Es trägt die Jahreszahl 1885 und ist sehr fein gearbeitet. Der Vorname ist aus kleinen Blüten gestickt. Die 80 Jahre alte Serviettentasche ziert bunter Kreuzstich. Als Wandtasche verbirgt sie leichte Geheimnisse.

Probewebung

Eine Webmusterprobe aus sehr kräftigem Leinen wird als Tischläufer zum Hingucker. Das Tuch vom Trödel hat nur an einer Seite kurze Fransen. Sein ausdruckstarkes Webmuster lässt nicht nur Weberherzen höher schlagen.

Für heiße Töpfe

Für die Topflappen gut erhaltene Leinenreste in etwa 2 cm breite Streifen schneiden. Zu einem langen Band knoten. Mit dicken Nadeln (Nr. 14) entweder kraus rechts stricken oder Stäbchen häkeln. Den Aufhänger zum Schluss anhäkeln.

Nicht nur für Silber

Ein langes Zier- oder Handtuch der Länge nach etwa knapp ein Drittel hochfalten. Den Umschlag in unterschiedlich breite Täschchen einteilen. Mit kochechtem Stickgarn doppelt abnähen. Die Fadenenden jeweils miteinander verknoten. Zum Verschließen ein breites Lederband zuschneiden.

KLEIDEN

FÜHLEN SPÜREN

Kleidung aus altem Leinen vermittelt Stil und Charakter. Sie strahlt Lässigkeit aus und trägt sich wie eine zweite Haut. Häufig getragen ist altes Leinen wunderbar schmiegsam und kitzelt die Sinne. Die einzigartige Naturfaser tut uns gut. Sie verbessert unser Wohlbefinden und lässt uns zur Ruhe kommen.

60 cm

50 cm

120 cm

50 cm

Shirt mit Hirsch und Punkten

Aus einem aufgetrenntem Blaudruck-Kopfkissen für das Vorder- und Rückenteil ein 60 cm breites und 1,20 m langes Rechteck zuschneiden. Eine gut erhaltene Knopflochleiste integrieren. Für die Ärmel zwei 50 x 50 cm große Rechtecke zuschneiden oder zwei Servietten verwenden. Schnittkanten versäubern.

Das große Rechteck doppelt legen und oben und unten säumen. Für den Ausschnitt die Mitte markieren und ein schmales, etwa 25 cm langes, Oval ausschneiden, vorne weiter als hinten. Zwischendurch prüfen, ob der Kopf bequem durchpasst, ansonsten vorsichtig nach und nach gleichmäßig vergrößern. Die Ausschnittkante entweder mit einem Rollsaum oder einem 4 cm breiten Besatzstreifen versäubern.

Die Ärmel jeweils an einer Kante, links auf links, 10 cm umschlagen, die kurzen Seiten absteppen. Umziehen. Umschlag feststeppen. Ärmel beidseitig, Mitte auf Mitte, an das große Rechteck nähen. Seitennähte der Ärmel bis zum Umschlag schließen. Seitennähte des Oberteils ebenfalls bis auf einen 7 cm langen Schlitz schließen. Nahtzugabe am Schlitz mit kleinen Stichen festnähen. Nach Belieben eine Borte auf den Saum setzen.

Die Mitte des vorderen Halsausschnitts markieren. Beim Anprobieren eine etwa 2 cm breite Falte abstecken. Falte mit schönem Knopf festnähen.

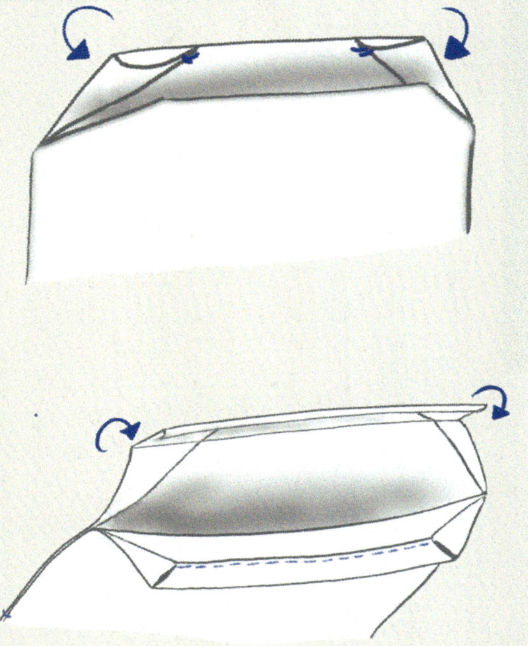

Kleidchen aus feinen Servietten

Das Kleidchen wächst mit. Es passt sich der Größe an und eignet sich auch als Rock. Feine Schmuckbänder regulieren Länge und Weite.

Zwei gleich große Servietten links auf links legen, die Webkanten liegen seitlich. Die Seitennähte bis auf etwa 19 cm für den Armdurchschlupf schließen. Die vier oberen Serviettenspitzen nacheinander 2 cm nach innen zur Mitte umschlagen, festnähen. Für den Durchzug die oberen Kanten etwa 7 cm breit säumen. Schmuckband oder Seidenschal einziehen, verknoten. Nach Belieben auf der rechten Seite der unteren Kleidchenkante zusätzlich waagerechte Biesen abnähen.

Luftiges Shirt

Je nach gewünschter Größe zwei große Servietten links auf links aufeinander legen, die Webkanten liegen seitlich. Die beiden Seitennähte bis auf einen Saumschlitz und einen etwa 32 cm großen Armdurchschlupf schließen.

Für den Ausschnitt an der oberen Kante die Mitte markieren. Beidseitig, jeweils etwa 16–17 cm von der Mitte entfernt, die Servietten nur punktuell mit einigen Überwendlichstichen verbinden.

Ausschnittkante schmal nach innen falten, feststecken. Mit farbigem Garn (kochecht) zwei- oder dreifach heften.

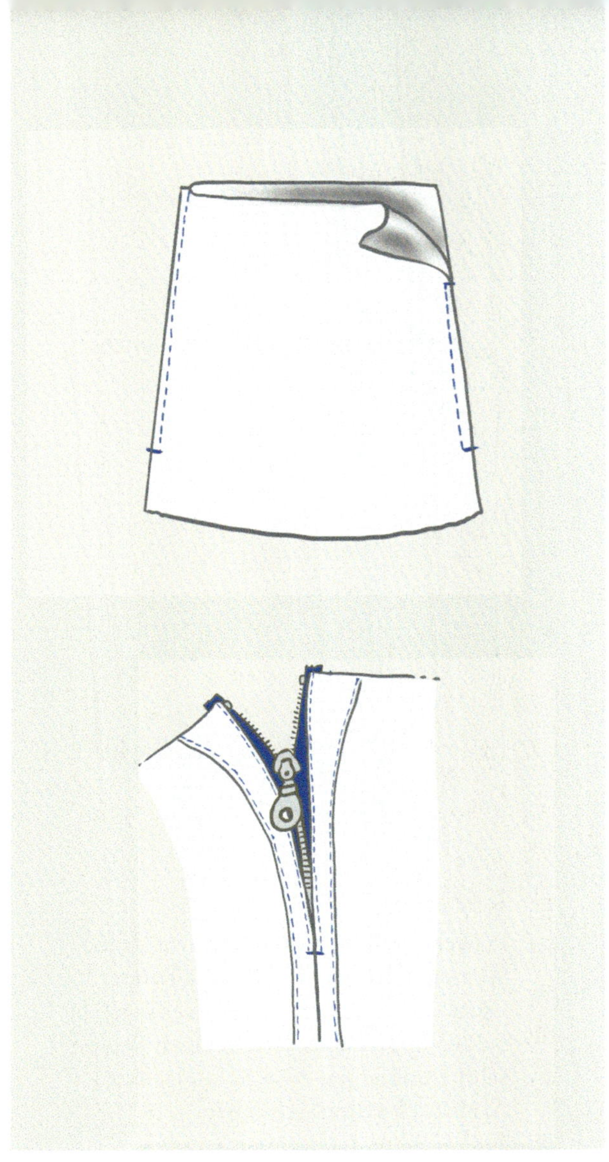

Schmaler Rock aus kernigen Handtüchern

Zwei von der Länge und Breite passende Handtücher aus kräftigem Leinen, links auf links, aufeinander legen. Seitennähte nach Maß abstecken, zur Taille hin leicht abgeschrägt. Je nach Passform an der oberen Kante zusätzlich kleine Fältchen nähen.

Seitennähte bis auf den Saumschlitz schließen, an einer Seite eine Öffnung für den Reißverschluss lassen. Den Nahtüberstand jeweils rechts und links entlang der Naht festnähen. Reißverschluss einnähen.
Am oberen Rand ein breites Gummiband auf Taillenmaß einnähen. Die Schlitze mit gut erhaltenen Monogrammen sichern.

Shirt mit Spitze und Litze

Ein altes Spitzendeckchen und gut erhaltene Leinenreste mit feiner Flicknaht, Monogramm und Knopflochleiste, passend für Vorder- und Rückenteil und Ärmel, zusammen puzzeln und aneinander nähen. Shirt nach beliebigem Schnittmuster ausschneiden. Vorhandene Schnittkanten versäubern.

Für die Tasche einen Leinenrest mit Monogramm und Knopfleiste seitlich bündig auf das Vorderteil nähen, die Nahtzugabe liegt innen. Eine Spitze an den Saum des Vorderteils nähen und versäubern. Schön sieht auch eine Knopflochleiste als Saumabschluss aus. Seiten- und Schulternähte schließen.

Je nach Schnittmuster die Ärmel oben leicht einkräuseln. Unten mittig kleine Fältchen einlegen, Ärmelkante mit schmalem Besatzstreifen verstürzen. Die Ärmelnähte schließen. Die Ärmel einsetzen.

Die Mitte der vorderen Ausschnittöffnung markieren. Beidseitig je eine schmale Falte fixieren. Ausschnitt mit etwas Nahtzugabe nach innen schlagen. Eine bestickte Zickzacklitze aufsteppen, nach Belieben ein Litzenstück hängen lassen.

Unterschiedliche Leinenreste und Spitzen zu einem oder mehreren großen Stoffstücken puzzeln und aneinander nähen. Anschließend nach jedem beliebigen Schnittmuster zuschneiden.

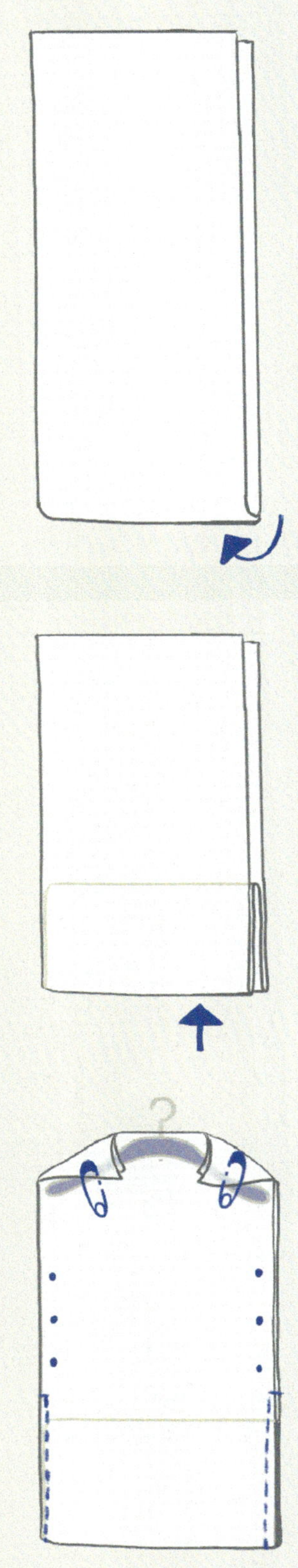

Kleiderhülle mit innen liegender Schuhtasche

Ein Mangeltuch links auf links legen. Den Stoffbruch als spätere Schuhtasche etwa 35 cm nach innen schieben, feststecken. Unteres Drittel der Längsseiten zunähen. Auf dem nächsten Drittel, innen entlang der beiden Längskanten, jeweils zwei bis drei Magnetknöpfe mit gleichem Abstand annähen.
Die oberen rückwärtigen Spitzen großzügig nach vorne über einen breiten Kleiderbügel ziehen. Rechts und links mit einer großen Sicherheitsnadel verschließen.

Nicht nur für Männer

Ein großes Männerhemd aus feinem Leinen trägt sich sehr hautfreundlich und wunderbar bequem als Nachthemd. Auch toll als lässiges Longshirt zur Jeans.

Schulterfrei mit Häkeleinsatz

Ein kräftiges oder feines Handtuch an den kurzen Seiten bis auf einen kleinen Schlitz aneinander nähen. Für die passende Weite das Vorder- und Rückenteil jeweils von der Mitte aus in kleine Fältchen legen. Mit kochechtem Stickgarn übersticken. Anschließend den gehäkelten Spitzeneinsatz eines alten Paradekissens als Träger an das Vorderteil nähen.

Sofakissen als Tasche

An die Seitennähte eines bestickten Sofakissens mit Leinenzwirn oder Bindfaden jeweils einen ledernen Ausbinder (Reitsportbedarf) als Taschengriff häkeln oder nähen.
Die Knopfleiste des Leinenkissens hält Großes sicher verstaut.

Schürze als Schal

Hauchfeiner Tragekomfort mit Spitze. Sehr leicht und angenehm. Eine zarte Batistschürze locker zum Schal knoten. Alternativ eine kleine Leinengardine oder einen Leinenschleier verwenden.

Ein alter Mehlsack

Ein alter Mehlsack hat oft viele Stopfen, Flicken und Löcher. Manchmal trägt er den Namen des ehemaligen Besitzers. Mehlsäcke sind aus kräftigem Leinen, groß und fest gewebt. Es lohnt, gut erhaltene Reste einer solchen Rarität für besondere Taschen zu nutzen. Sie halten durchaus einem kleinen Regenschauer stand.

Zum Ausgehen

Aus einem Mehlsack ein 65 x 30 cm großes Rechteck schneiden. Unten und oben 4 cm säumen, dabei an einer Seitenkante eine etwa 5 cm lange Schlaufe aus Leinen oder Leder mitfassen. Je nach Belieben auf der linken und rechten Seite ein oder mehrere kleine Täschchen aufnähen, die Nahtzugabe liegt innen. Eventuell zusätzlich besticken. Nahtzugabe der beiden restlichen Schnittkanten einzeln mit farbigem Stickgarn und Knopflochstich umsticken. Seitennähte schließen, die obere Nahtkante teilweise übersticken.
Untere Taschenspitzen jeweils als kleines Dreieck nach oben falten. Jede Spitze mit Stickgarn auf der Naht festnähen. An der oberen Innenkante mittig einen Magnetknopf mit Stickgarn annähen.
Für den Taschenriemen zwei Löcher in das offene Ende einer ledernen Hundeleine bohren oder vorsichtig einschneiden. Riemen mit Leinenzwirn oder Bindfaden von außen an die Taschenkante nähen. Das Leinenende mit dem Karabinerhaken an der Schlaufe einhaken.

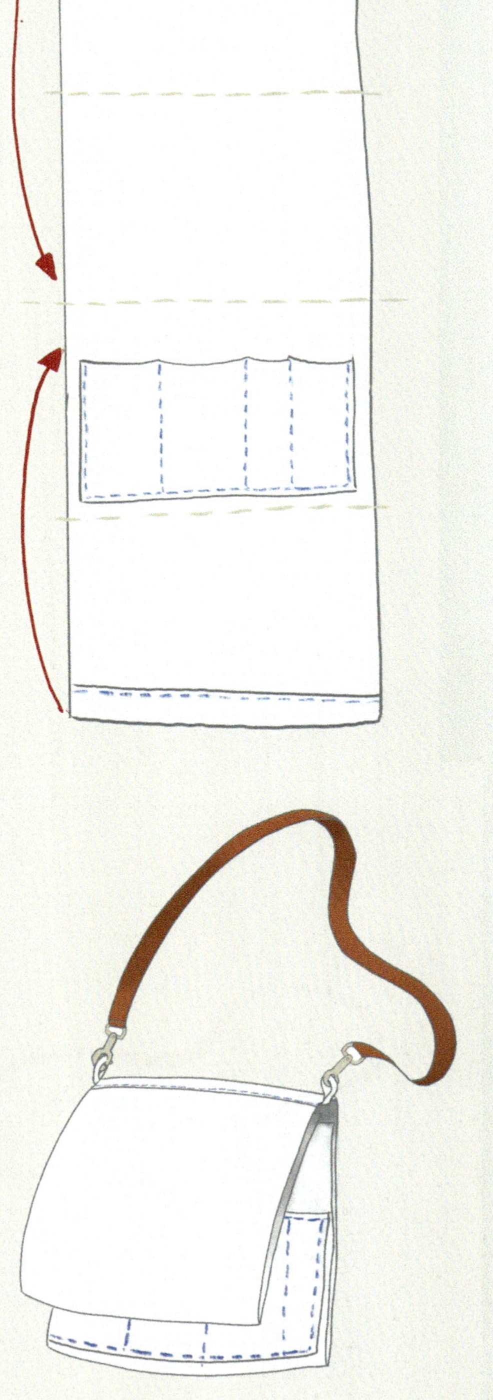

Für Laptop und Akten

Aus einem Mehlsack ein etwa 140 x 40 cm großes Rechteck zuschneiden. Für die notwendige Länge eventuell vorher Stoffstücke aneinander nähen. Untere und obere Schnittkante 2 cm säumen. Einen umsäumten Stoffstreifen als spätere Tasche auf die linke oder rechte Stoffseite nähen. Durch Abnähen in beliebig viele Taschenfächer teilen.
Obere und untere Kante, links auf links, bis 2 cm unterhalb der Mitte falten. Seiten schließen. Umziehen, Naht ausbügeln. Seiten nochmals abnähen, dabei die Nahtzugaben einschließen. Umziehen. Zum Anbringen des Trageriemens die Mitte der Tasche mit einem etwa 6 x 35 cm gesäumten Streifen verstärken. Dabei seitlich jeweils eine stabile Schlaufe aus Leinen oder Leder für den Riemen mitfassen. Taschenriemen mit Karabinerhaken an den Schlaufen einhaken. Oder einen Gürtel zum Riemen umarbeiten. Tasche individuell besticken.

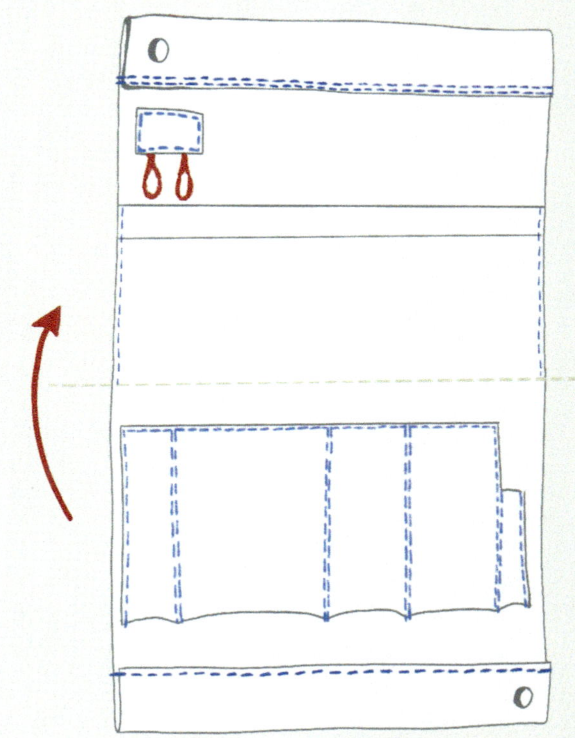

Zum Wandern

Aus einem Mehlsack ein etwa 115 x 60 cm großes Rechteck schneiden. Für die notwendige Länge eventuell vorher Stoffstücke aneinander nähen. Auf der rechten Seite einen umsäumten Stoffstreifen als spätere Außentasche aufnähen. Taschenfächer abnähen. Nach Belieben auf der linken Seite ebenso Innentaschen arbeiten. Dabei, je nach Bedarf, lange Schlaufen mitfassen.
Links auf links legen. Seiten schließen. Umziehen. Die Längskanten so abnähen, dass die vorherige Nahtzugabe eingeschlossen ist. Umziehen. Die obere Kante etwa 4 cm umsäumen, dabei an jeder Seitennaht eine kleine Öffnung zum Durchziehen einer dicken Kordel lassen. Jeweils von rechts und links je eine lange Kordel durchziehen, die Kordelenden verknoten. Zusätzlich mit Lederstreifen schmücken. An einer der beiden Außennähte oben und unten einen breiten, kräftigen Lederriemen, zugeschnitten aus alter Lederkleidung, mit einem Bindfaden oder einer Leinenschnur fest annähen.

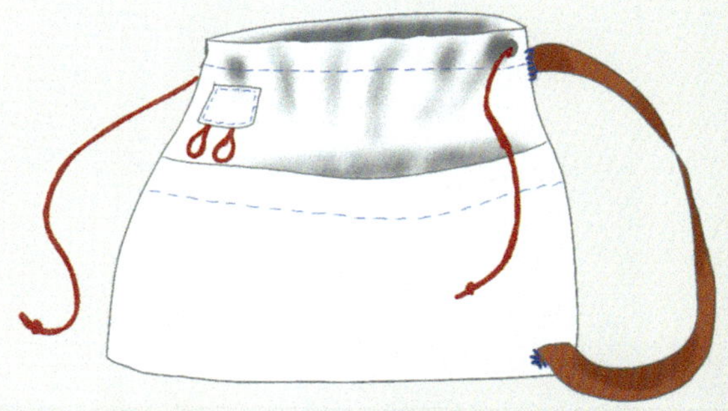

SCHLAFEN

TIEF FEST ERHOLSAM

Bettwäsche aus Leinen schätzt man für seine Natürlichkeit, seine Reinheit und Glätte. Sie riecht nicht und sorgt lange für ein Frischegefühl. Es gibt nichts Vergleichbares. Das Leinen sorgt für tiefen und erholsamen Schlaf. Bei heißem Wetter und Hitzewellen absorbiert es viel Feuchtigkeit und überschüssige Wärme. Es atmet mit und kann etwa bis zu einem Fünftel seines Gewichts an Feuchtigkeit aufnehmen. Trotzdem fühlt es sich noch trocken an. Bei kühlem Wetter hält Leinen die Körperwärme länger als Baumwolle.

Plumeaus und Perlmutt

Sehr alte Kopfkissenbezüge sind oft breiter als heutige. Sind sie etwa halb so lang wie ein Bettbezug, handelt es sich um Plumeaubezüge. Plumeaus lagen am Fußende des Bettes obenauf.
Typisch für etwa 100 und mehr Jahre alte Kissen und Bettbezüge sind Webkanten, handgearbeitete Knopflöcher und Perlmuttknöpfe. Ebenso herausknöpfbare oder doppelte Knopflochleisten für Steckknöpfe. Man knöpfte sie vor der Wäsche und dem Mangeln aus, damit sie unter der schweren Kaltmangel nicht zersprangen.

Neues Maß

Alte Bettwäsche lässt sich ohne viel Aufwand auf neue Maße anpassen. Einen 80 x 80 cm großen Kopfkissenbezug kann man ohne Nähen durch einfaches Falten auf ein Maß von 40 x 80 cm bringen. Dazu das schmalere Federkissen beziehen und Knöpfe schließen. Nun die unteren Bezugspitzen nach innen in den Bezug, bis in die oberen Kissenbezugspitzen, schieben. Fertig.

Zu kurze Bettbezüge eignen sich als Bettüberwürfe oder Gardinen. Dazu einfach die Nähte, bis auf die Knopf- und Knopflochsäume, auftrennen.
Trennt man die Seitennähte dreier klassischer Kopfkissenbezüge auf und näht sie der Länge nach mit Stoßnaht, Webkante an Webkante, aneinander, entsteht ein 1,60 x 2,40 m großes Laken. Näht man zwei davon, kann man sie mit Hilfe der vorhandenen Knopfleisten und Knöpfe zu einer doppelten Bettdecke aneinander knöpfen.

Unterlaken lassen sich mit Gummiband zu Spannbettlaken nähen. Noch einfacher: in jede Lakenecke einen Knoten schlagen. Laken über die Matratze ziehen, dabei die Knoten jeweils unter eine Matratzenecke schieben.

Für ein doppeltbreites Laken zwei Unterlaken der Länge nach zusammennähen. Mit Stoß- oder Überwendlichnaht und Webkante an Webkante.

Mit Mittelnaht und Blöckchenmuster

Das fast fünf Meter lange und sehr breite Tischtuch dient jetzt als Bettüberwurf. Der Schaftdamast mit Blöckchenmuster ist aus sehr kräftigem Leinen und hat zwei andgearbeitete Mittelnähte.. Darunter liegt ein fein besticktes Überschlaglaken. Anders als früher ziert das bestickte Ende das Fußende des Bettes.

Warum so schmal?

Altes Leinen ist zwischen 30 und 80 Zentimetern breit, selten über einen Meter. Das richtete sich nach dem Verwendungszweck, hatte aber auch mit dem Weber selbst zu tun. Er konnte allein nur so breit weben, wie seine Arme reichten. Städtische Leinenwebereien fertigten auch Breiten von 1,60 Meter und mehr, da zwei oder drei Weber an einem Webstuhl arbeiteten. Durch die Einführung des Schnellschützen webte ein Weber allein solche Breiten. Sie waren teurer, ersparten aber die Mittelnaht.

Bunte Kaffeedecke

Die bunt bestickte Kaffeedecke ist fest um eine eng zusammengerollte, leichte Daunendecke gewickelt. Nach Belieben die Enden mit einer Kordel oder einem Band abbinden.

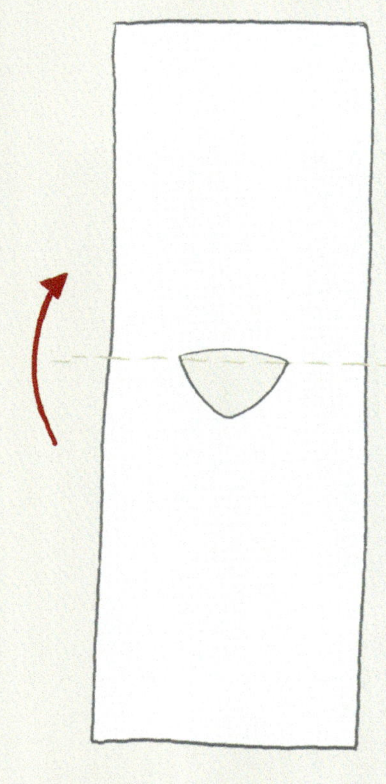

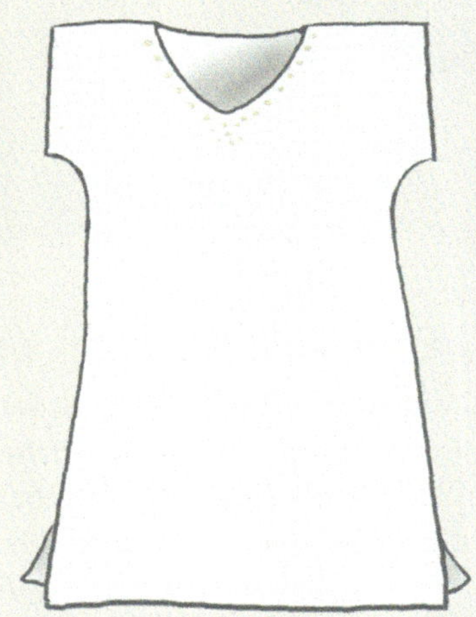

Von der Rolle
Feines für die Nacht

Für das Nachthemd sehr feines Leinen verwenden.
Je nach gewünschtem Maß die doppelte Länge von einer etwa 70–90 cm breiten Leinenrolle zuschneiden.
Schnittkanten säumen.
Den Stoff doppelt legen. Oben die Mitte markieren. Vorsichtig einen V-Ausschnitt ausschneiden. Probieren, ob der Kopf bequem durchpasst, ansonsten Ausschnitt nach und nach etwas vergrößern. Nach Belieben unterhalb der Ärmelöffnung zusätzlich eine leichte Rundung schneiden, die nach unten langsam ausläuft. Seitennähte mit einer Flachnaht schließen. Halsausschnitt mit Rollnaht versäubern. Mit weißem Garn besticken. Oder Ausschnitt und Ärmelkanten als Bogenkante arbeiten.

BADEN

HAUTFREUNDLICH SAUGFÄHIG

Im alten Ägypten stand Leinen für göttliche Reinheit. Im Bad ist es die erste Wahl. Es nimmt sehr viel Feuchtigkeit auf, ohne dass es sich nass anfühlt. Hand- und Badetücher aus altem Leinen trocknen deutlich schneller als Baumwolltücher.
Durch seine Festigkeit hat Leinen außerdem eine angenehm massierende Wirkung auf der Haut. Das schätzen Kenner beispielsweise an Kneippleinen.

Feines für die Hände

40 x 40 cm große Leinenservietten sind feine Gästehandtücher fürs Bad. Das gilt auch für schlichte Küchenhandtücher in Gerstenkornwebung. Dazu die Tücher aus Halbleinen in der Länge mittig halbieren und die Schnittkanten ausfransen.

Tischdecken fürs Bad

Tischdecken aus grobem oder feinem Leinen sind ideale Bade- und Duschtücher. Sie sind leicht und trocknen schnell. Besonders saugfähig sind Köpergewebe oder Halbdamast. Sehr zart zur Haut ist Jacquardgewebe.

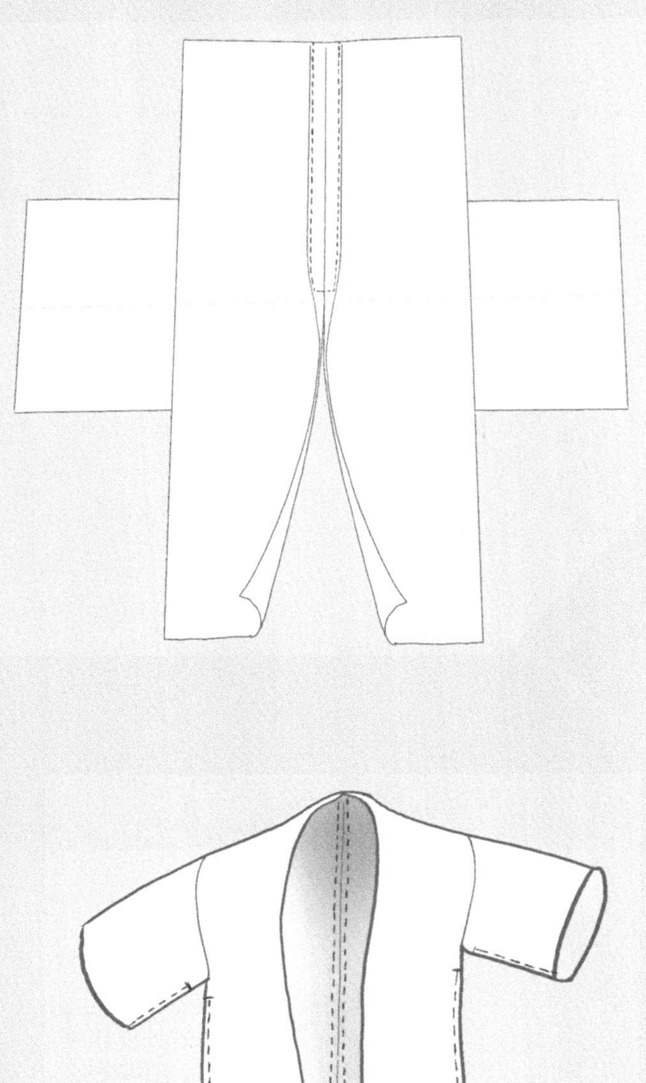

Kimono fürs Bad

Je nach gewünschter Länge zwei etwa 45 cm breite und gleich lange Leinenstücke zum Beispiel in Gerstenkornwebung in doppelter Länge zuschneiden. Alle Schnittkanten säumen. Alternativ vier gleich lange Ziertücher aus feinem Leinen in Jacquardwebung verwenden. Dann für die gewünschte Länge je zwei an den kurzen Enden aneinander nähen.

Die Leinenstücke, links auf links und Webkante an Webkante, bis zur Hälfte, mit etwa 6–8 cm Nahtzugabe aneinander nähen. So wird der Kimono hinten schmaler als vorne. Nahtzugabe ausbügeln. Rechts und links der Naht feststeppen oder mit Zierstich festheften.

Für die Ärmel zwei etwa 45 x 45 cm große Rechtecke zuschneiden. Alternativ zwei Servietten verwenden. Mitte auf Mitte möglichst so an den Kimono nähen, dass eine Webkante jeweils den unteren Ärmelabschluss bildet. Ärmel- und Seitennähte schließen, dabei mittig unter den Ärmeln die Naht 3 cm offen lassen.

Lederreste oder Leinenstreifen zum Gürtel schlingen oder häkeln.

Für Klammern oder Feines

Entlang einer gesäumten Serviettenkante eine passende Schmuckborte oder Spitze aufnähen. Enden versäubern. Ein Drittel der Serviette, links auf links, so nach oben falten, dass die Borte oben liegt. Die beiden oberen rückwärtigen Spitzen beidseitig über einen Kleiderbügel nach vorne ziehen. Spitzen festnähen. Darauf achten, dass der Bügel zum Waschen herausnehmbar ist.

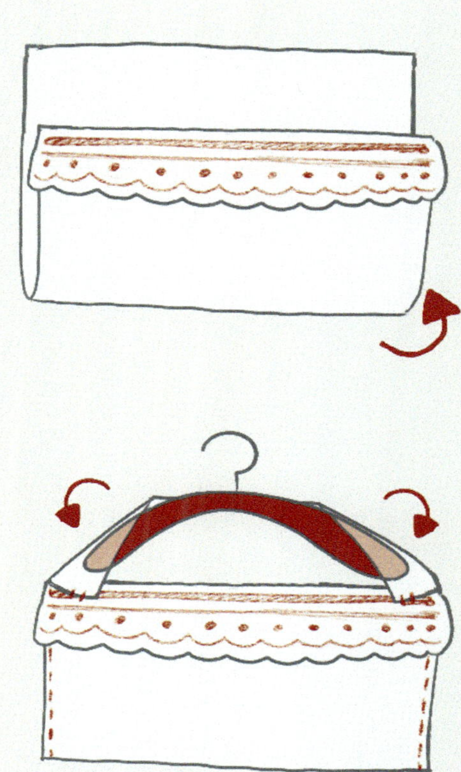

Handtuch als Badematte

Alte Handtücher aus Leinen haben oft wunderschöne Webmuster. Noch wenig benutzt, massieren sie die Haut. Einzeln oder gedoppelt sind solche Handtücher sehr saugfähige Badematten, die schnell wieder trocknen.

Keine Angst vor Wasser

Altes Leinen hat keine Angst vor Wasserspritzern. Beim Duschen klebt es nicht am Körper. Es trocknet schnell und lässt sich bei Bedarf kochen.
Ein Leinenlaken hat die passende Länge für einen Duschvorhang. Je nach Bedarf unten breit säumen und oben einen Überschlag arbeiten. An der oberen Innenkante ein einfaches Reihband aufnähen. Nur locker einkräuseln. Die Gardinenröllchen einhaken und mit Ringen an einer flexiblen Klemmstange befestigen.
Noch schneller, einfacher und ganz ohne Nähen: ein altes Überschlaglaken mit Ringklipsen an der Klemmstange befestigen.

Gardine für die Wäsche

Eine kleine, leinene Stangengardine so links auf links doppelt legen, dass der Durchzug für die Stange oben liegt. Die Boden- und Seitennaht bis zum Durchzug schließen, die Spitze steht über. Kochfestes Band oben einziehen, Enden verknoten.

Damast oder Jacquard

Glatte oder abgestufte Ränder

Damast gilt als das schönste Leinenerzeugnis. Meist Weiß in Weiß erzählt er von Blumen, Jagden und Festen. Das Besondere: Nur bei schrägem Lichteinfall beginnen die Muster auf wunderliche Weise zu leben.

Mit Damast verbindet man umgangssprachlich ein reinweißes, in sich gemustertes Gewebe aus Leinen oder Baumwolle. Viele Begriffe sind dafür gebräuchlich. So spricht man von echtem oder falschem Damast, von Gebild-, Halb- und Schaftdamast und von Block-, Bauern- oder Zugdamast. Das ist aber nicht dasselbe.

Im eigentlichen Sinn bezeichnet Damast weder ein bestimmtes Gewebe noch ein bestimmtes Material. Damast ist eine äußerst aufwändige Webtechnik, eine Kombination aus Schaft- und Zugtechnik. Der echte Damast ist immer handgewebt. In Deutschland wurde er noch bis 1933 gewebt. Entstanden sind äußerst kunstvolle textile Kostbarkeiten. Als Material dienten feine Garne mit Glanz, aus Seide, Leinen, merzerisierter Baumwolle und auch Tierhaaren. Aus der Zeit um 1910/1920 sind auch Gebilddamaste aus halbsynthetischem Material bekannt.

Die Damasttechnik war äußerst kosten- und zeitintensiv. Sie erforderte auch großes Können und kunsthandwerkliches Denken und Vorstellungsvermögen vom Weber. Nur verhältnismäßig wenige Leinenweber widmeten sich ihr. Oftmals waren es Frauen. Auftraggeber waren hauptsächlich Kirche und Adel.

Matt auf glänzendem Grund

Gewebe in Damasttechnik zeigt immer zwei Effekte, einen glänzenden (Ketteneffekt) und einen matten, stumpfen (Schusseffekt). Sitzen sich zwei Menschen an einem Damasttafeltuch gegenüber, sieht der eine die eingewebten Figuren matt auf glänzendem Grund, der andere glänzend auf mattem Grund. Die Effekte entstehen durch Licht, das schräg auf die flottierenden (lang und unverkreuzt) Fäden fällt. Fast immer steht das Muster auf der Vorderseite matt auf glänzendem Grund, auf der Rückseite glänzend auf mattem Grund. Deshalb ist Damast beidseitig nutzbar.

Echter Damast ist immer einkettig, einschüssig und fast durchweg ein Atlasgewebe. Meist ist es ein fünf- bis achtbindiger Atlas, in allerfeinsten Fadensorten auch ein zwölfbindiger. Die Musterung entsteht allein durch den Wechsel der Gewebebindung. Das bedeutet, der Einschuss ist in einer anderen Bindung als der Grund. Fast immer ist der Grund in Kettatlas oder -köper und die Figur in Schussatlas oder -köper gewebt. Auf der Rückseite zeigt sich das Muster umgekehrt.

Gebildete Arbeit

Das deutsche Damastmuseum (DDM) in Großschönau definiert echten Damast als „ein Bildgewebe mit Atlasbindung, und zwar Kettatlas in der Figur und Schussatlas im Grund oder umgekehrt. Das wichtigste Merkmal sind treppenförmige, mehrfädige Abstufungen an den Musterkonturen. Große Musterrapporte und eine schachbrettartige Leiste an der Webkante sind weitere Kennzeichen eines echten Damasts. (....) Die Damastdefinition wird bei frühen Damasten mitunter weiter gefasst, indem auch Bildgewebe mit Köperbindung als Damast angesehen werden. Bei diesen Damasten wird das Muster allein durch den Wechsel der Bindung erzeugt."

Glatt oder abgestuft

Echter Damast ist immer handgewebt und zeigt ein Bild im Rahmen. Es gibt handgezogenen Damast, auch Zug- oder Gebilddamast genannt, und handgewebten Lochkartendamast. Bei beiden sind die Konturen der eingewebten Figuren nicht glatt sondern treppenförmig abgestuft.

Als unechter oder falscher Damast gilt das Gewebe vom Jacquardwebstuhl. Da es auch ein Bild in einem Rahmen zeigen kann, hat sich im Lauf der Jahrzehnte der Begriff Damast dafür eingeschlichen. Jacquardware ist aber kein Damast. Sie ist maschinengewebt. Ihre Musterkonturen sind glatt.

Bauerndamast ist der frühere Name für Block- und Blöckchendamast. Seine geometrische Musterung besteht hauptsächlich aus Würfeln und Rechtecken. Dr. Carola Runge bezeichnet ihn 1963 als einen anderen Zweig der Gebildweberei, als Halbdamast. Da er am Schaftwebstuhl entsteht, lange von Hand, heißt er auch Schaftdamast[12].

Der Halbe

Die derzeit ältesten Damaste stammen aus der Zeit des 2. bis 3. Jahrhunderts nach Christus[37]. Man fand sie in Palmyra in Syrien. Es sind einfarbige Seidengewebe in Köperbindung mit geometrischen Mustern. Jüngere sind aus feinfädigem Leinengarn, ebenfalls gewürfelt und in Atlasbindung. Sie zeigen die zwei typischen Damasteffekte und sind vermutlich am Schaftwebstuhl entstanden. Im frühesten deutschen Weberbuch: Marx Zieglers Weber Kunst und Bildbuch von 1677 definiert Ziegler einen als Damast gewobenen Schachwitz (Anmerkung: regelmäßig würfelartige Muster): „ ... mit kleinen und großen Quadraten wunderschön in unterschiedlichen Arten."

Je nach Kunstfertigkeit setzten die Weber die unterschiedlichsten Quadrate und Rechtecke zu immer neuen abstrakten Mustern zusammen. Seltener zu blumenartigen, diese hatten aber immer blockartigen Charakter. Manche der alten Blockmuster erforderten 40 und mehr Schäfte. Da jeder Block seine eigenen Schäfte und Tritte hatte und diese leicht in Unordnung gerieten, war das kaum noch zu bewerkstelligen. Deshalb wird vermutet, dass sehr komplizierte Blockmuster bereits auf einer frühen Kombination aus Schaft- und Zugwebstuhl, dem so genannten Kegelstuhl, entstanden sein könnten[9].

Ein Großteil des gewürfelten Leinenzeugs stammt aus der Zeit des Biedermeiers (1815–1848). Es kommt vor allem aus Süddeutschland, aber auch von Rügen, aus Westfalen und Hessen. Mal aus gröberem Leinen in Köperbindung, mal aus feinerem Leinen in Atlasbindung schonte es die Tischplatte während der Mahlzeit.

Der Echte

Trotz der großen Mustervielfalt ließ sich mit einem Schaftwebstuhl kein Bild weben. Das erforderte einen anderen Webstuhl, den Zugwebstuhl. Dieser hatte neben Schäften auch Zugschnüre. Mit dieser Technik, der Damasttechnik, ließ sich jetzt eine unbegrenzte Anzahl an Fäden steuern. Von nun an war das Weben von allen nur denkbaren Figuren, Blumen, Wappen und ganzen Gemälden möglich. Der echte Damast, der Zug- oder Gebilddamast, war geboren, gewebt von Hand.

Bei der Damasttechnik waren die Schäfte als Vordergeschirr des Zugwebstuhls nur für die Grundbindung notwendig. Gebündelte Schnüre (Lätzezug) bewegten jetzt die Kettfäden und ersetzten die Musterschäfte. Für das Ziehen dieser Schnüre war allerdings eine zweite Person am Webstuhl, der Zieher, erforderlich. Das änderte sich erst als um 1800 ein Jacquard- oder Lochkartenaufsatz für den Handwebstuhl entwickelt worden war. Lochkarten ersetzten jetzt den Lätzezug. Obwohl die Muster nun von Lochkarten und der Grund mit Schäften von Hand gewebt wurden, spricht man noch von echtem Damast, vom handgewebten Lochkartendamast. In der einstigen Damasthochburg Großschönau wurde noch bis 1873 gezogen und von 1834 bis 1933 Lochkartendamast von Hand gewebt.

Zugdamast und Lochkartendamast sind immer handgewebt.Typisch für beide sind die gebündelten Kettfäden. Deshalb zeigen auch beide die treppenförmigen mehrfädigen Randabstufungen der Figuren. Sie sind das eindeutigste Kennzeichen des echten Damasts.

Laut DDM wird heute kein echter Gebilddamast mehr gewebt. Vermutlich gibt es nur noch vier Zugwebstühle auf der Welt. Einer steht in Lyon, einer in Peking, zwei im DDM in Großschönau. Dort sind sie für museale Zwecke in Benutzung.

Erst ziehen, dann weben

Das Damastweben war deutlich aufwändiger als Schaftdamast zu weben. Nachdem ein Mustermaler das Muster auf Papier gemalt hatte, überzog es der Mustermacher mit einem feinen Kästchennetz. Es entsprach genau der späteren Fadendichte. Dort hinein zeichnete er die Musterkonturen. Es dauerte etwa zwei bis vier Monate bis der Musterbogen, die Patrone mit der sogenannten Leseangabe fertig war. Der Mustereinleser oder Lätzemacher schlang dann von jedem gezeichneten Punkt der Patrone eine Schleife in die senkrechten Zugschnüre, die Harnischschnüre, bis die Zugvorrichtung, das Gelese des Webstuhls fertig war. Jede waagerechte Musterzeile ergab einen, mit einem Hornring gebündelten, Latz. Für breite und dichte Gewebe waren oft mehrere Gelese notwendig. Bei großen Tafeltüchern mit schwierigem Muster dauerte es bis zu acht Monate bis tausende von Kettfäden eingelesen waren. Das gesamte Schnürenbündel, der Lätzezug, lief seitlich am Zugwebstuhl zusammen.

Erst jetzt konnte das aufwändige Damastweben beginnen, was wiederum Monate dauerte. An einem Arbeitstag (13 Stunden) und mit feinfädiger Ware schafften Damastweber und Zieher nur etwa 15 bis 20 Zentimeter. Oftmals webten die Damastweber mit Garn in zwei Weißtönen, um Webfehler schneller zu entdecken. Für die Kette verwendeten sie gebleichtes und für den Schuss ungebleichtes Leinengarn oder umgekehrt.

Für die Musterbildung zog der Zieher Schnur für Schnur in der richtigen Reihenfolge auf. Das erforderte viel Kraft. Meistens war es die Aufgabe der Ehefrau des Webers, manchmal auch die eines älteren Kindes. Sobald ein Latz gezogen wurde, hoben sich die entsprechenden Kettfäden einer Musterreihe hoch. Jetzt schoss der Weber das flache Damastschiffchen mit dem Schussfaden ein. Das dafür erforderliche Webfach bildete der Damastweber durch Treten des Vordergeschirrs. Je nach Grundbindung hatte der Weber drei bis acht oder mehr Schuss einzutragen. Und nach jedem Schuss musste er einmal umtreten, damit der nächste Schaft des Vordergeschirrs die entsprechenden Kettfäden für die Grundbindung bewegte. Dadurch entstand der mehrfädige treppenförmige Musterrand. Nachdem alle Schüsse eingetragen waren, zog der Zieher den nächsten Latz.

Für breite Tafeltücher waren gleichzeitig mehrere Zieher, Weber und Treter über viele Monate am Webstuhl beschäftigt. Hinzu kamen die Spuler, das waren manchmal auch Schulkinder. Entsprechend hoch war der Preis des echten Damasts.

Der Falsche

Damastähnliches Gewebe mit glatten Musterkonturen ist das Gewebe vom Jacquardwebstuhl. Ab etwa Anfang des 19. Jahrhunderts war es möglich, damastähnliche Bildgewebe maschinell zu weben. Zehn Zentimeter Kette waren in 20 Minuten abgewebt. Im Volksmund deshalb auch Rammeldamast genannt. Jacquardware zeigt häufig neben der Atlas- oder Köperbindung mindestens eine weitere Bindung wie die Leinenbindung. Das kam etwa ab Ende des 18. Jahrhunderts mit der Entwicklung des Jacquardwebstuhls auf und wird bis heute gewebt.
Im Lauf der Jahrzehnte schlich sich Damast als Begriff für Jacquardware ein. Jacquardware ist aber kein Damast. Er entsteht anders. Die Figur- und Bindungskarten des Webstuhls machen alle Schäfte überflüssig und jeder Kettfaden lässt sich einzeln bewegen. Deshalb sind die Musterkonturen des Jacquards einzelfädig und glatt, und nicht mehrfädig treppenförmig abgestuft wie beim echten Damast.

DEN ECHTEN ERKENNEN

Mit treppenförmigen Musterkonturen

Der treppenförmige mehrfädige Musterrand ist das eindeutigste Kennzeichen für echten Damast. Das sind kleine eckige Vorsprünge, häufig aus jeweils vier Fäden. Es können aber auch drei, acht oder mehr sein. Je nach Anzahl der Fäden stufen sich die Figurenränder stärker oder schwächer.

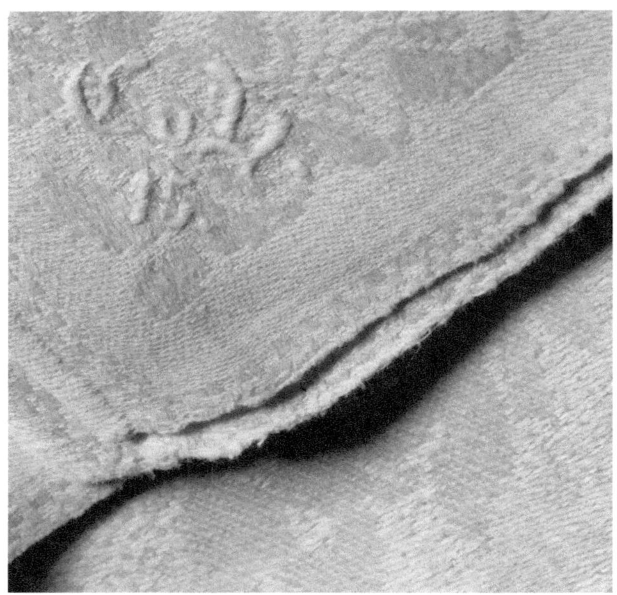

Mit Roll- oder Kästchenrand

Um dem fließenden Atlasgewebe des echten Damasts eine bessere Stabilität zu geben, rollierte man anfangs die Webkanten. Mit der Zeit entwickelten Damastweber die typische Randleiste an allen vier Seiten. Das ist ein schmaler schachbrettförmiger Außenrand in Panamabindung. Aber auch atlasbindige Jacquardware zeigt häufig eine schachbrettartige Randleiste.

Mit einem Bild im Rahmen

Echter Damast zeigt ein Bild in einem Rahmen. Bei den sehr alten Damasten sind die Figuren noch reihenförmig aufeinander aufgebaut. Jüngere zeigen ein Bild in einem Rahmen: Mit Einfassung, Mittelstück und Eckstücken.

Die Damastmuster

Die Mustermaler arbeiteten nach eigenen Entwürfen. Sie kopierten aber auch oft und möglichst detailgetreu die feinfigurigen flandrischen und niederländischen Vorlagen. Bei den sehr frühen Damasten laufen die Figuren alle in eine Richtung und bauen reihenweise aufeinander auf[1]. Im Laufe des 18. Jahrhunderts kamen die abgepassten Muster vor allem aus Schweden. Mit Einfassung, Mittelstück und Eckstücken. Ende des 18. Jahrhunderts gab es kaum noch figürliche Darstellungen, dafür immer mehr reine Blumenmuster. Aus der ersten Hälfte des 19. Jahrhunderts sind vor allem kleine Streublumenmuster mit klassizistischer Rankenborte und aufwändigen Eckstücken bekannt. In der zweiten Hälfte herrschten dann großblumige Musterungen vor. Auch kamen riesige Tafeltücher und Servietten mit Jagdszenen wieder auf, besonders aus Schlesien. Deren Figuren liefen aber nun auf breiten Rändern um ein Bild in der Mitte[12].

„Durch den Umstieg auf den Jacquardwebstuhl änderte sich das Produkt dramatisch. Aus der individuellen kunsthandwerklichen Gestaltung wurde zwar ein technisch perfektes Dessin, aber oft nur künstlerisch triviale Massenware. Aus Engeln, Sternen und Rosen aus exklusiven Artikeln der höfischen Repräsentation wurden bürgerliche Konsumgüter, Edles für das Volk."[1]

Herkunft und Geschichte

Der Name Damast hat höchstwahrscheinlich nichts mit der Stadt Damaskus (Syrien) selbst zu tun. Vermutlich wurde er dort nur gehandelt, da die Stadt wichtiger Drehpunkt des Handels von Ost nach West war. Noch ist seine Herkunft unklar. Die Chinesen waren es wohl auch nicht, da sie ihren ersten Damast anders webten. Aber möglicherweise kommt von dort der erste Zugwebstuhl[37].

Vermutlich gelangte die Damasttechnik über Sizilien und Italien nach Frankreich und Belgien. Ende des 15. Jahrhunderts spielten Zugdamaste aus Leinengarn eine immer größere Rolle in Nordwesteuropa. Anfang des 16. Jahrhunderts existierte in Kortrijk und Mecheln in Flandern eine hoch entwickelte Leinendamastweberei. Als Ende des 17. Jahrhunderts viele Hugenotten von Frankreich vor allem nach Holland, England und auch nach Deutschland flüchteten, brachten sie die Damasttechnik mit. Aber schon früher, bereits um 1250, sollen flandrische Leinenweber in Brandenburg und Sachsen eingewandert sein. Dresden soll 1576 nachweislich den ersten Damastweber aufgenommen haben[5]. Anfang des 17. Jahrhunderts ließen sich einige Damastweber aus Haarlem in Friesland nieder. Dort könnte der erste deutsche Bilddamast gewebt worden sein[1].

Weltberühmte Kunstwerke

1666 kehrten die Gebrüder Lange aus Großschönau in ihr Heimatdorf in der Lausitz zurück. Zehn Jahre hatten sie in Holland das Damastweben erlernt. Wieder zuhause führten sie das Weben von breiten Damasttüchern ein. Bereits in der ersten Hälfte des 18. Jahrhunderts waren die Großschönauer Damaste „mit Einwirkung allerhand Figuren und andern Bildern" als unnachahmliche Kunstwerke weltberühmt[16].

Um die Damastweberei möglichst auf Großschönau zu beschränken, hielt man die Webtechnik auch hier streng geheim. Allein zwischen 1700 und 1750 waren in Großschönau bis zu 1000 Damastwebstühle im Einsatz. Um 1834 hatte die Jahresproduktion einen Wert von mehr als 400.000 Talern. Friedrich der Große siedelte sächsische Damastweber nach Schlesien um und bevorzugte sie in vielen Belangen. Auch böhmische Herrschaften lockten mit verführerischen Angeboten[7].

In Westfalen mit Bielefeld, in Gingst auf Rügen, in der Gegend um Hannover, Hamburg und um den Vogelsberg wurde im 17. und 18. Jahrhundert ebenfalls Zugdamast gewebt. So zählte man um 1750 in Schlitz knapp 40 und um 1800 in Bielefeld etwa 10 Damastwebstühle.

Die Damastweber waren meist selbständig, dennoch manchmal abhängig vom Verleger. Während die Weber in bescheidenen Verhältnissen lebten, leisteten sich Damastfabrikanten und Verleger einen äußerst kostspieligen Lebensstil. Davon zeugen noch heute deren eindrucksvollen Villen in der Lausitz.

Der Höhepunkt der schlesischen und sächsischen Damastkunstwerke war um 1770 erreicht. Die durch Napoleon verhängte Kontinentalsperre, inländische Zollsperren, viele Kriege und das Verlegersystem führten zum langsamen Niedergang. Hauptgrund aber war vermutlich die Einführung der Jacquardtechnik. Gewebe in Jacquardtechnik ähnelte dem echten Damast, war aber deutlich preisgünstiger, da viel schneller zu weben. „Aber die Schönheit der weltberühmten Damastkunstwerke haben sie nie wieder erreicht."[1]

*

Zart und fein

Das seidenartige Tafeltuch mit den eingewebten Frühlingsblüten ist aus feinem Leinen. Es ist kein echter Damast sondern ein Jacquardgewebe. Die Musterkonturen sind glatt.*

Mit Monogramm

Weiß – Rot – Rotweiß

Altes Leinen ist oft Aussteuerware, die nach und nach ergänzt wurde. Noch bis etwa 1950 gehörte Tisch- und Bettwäsche aus Leinen zur Aussteuer.
Aussteuerware schmückt fast immer ein fein gesticktes Monogramm. Es sind die Anfangsbuchstaben des Besitzers. In Weiß, Rot oder Rotweiß, selten in Blau. Ein Monogramm kann klein und dezent, aber auch groß und üppig gearbeitet sein. Die Art und Weise der Umsetzung spiegelt vermutlich etwas den Besitzerstolz wider.
Dabei hatte das Monogramm ursprünglich einen ganz praktischen Zweck: Es verhinderte, dass die Wäschestücke bei der Wäsche durcheinander gerieten. Ist nur eine kleine Ziffer eingestickt, weist sie auf die Stückzahl hin. Sind zwei Monogramme eingestickt, ist das Leinen von Mutter oder Großmutter an Kind oder Enkel weitervererbt. Sie fügten dann ihr Monogramm hinzu.

M.W.
38.
S.S.
109.

Leinenpflege

Einweichen – Packen – Aushängen

Leinen war tausende von Jahren ganz selbstverständlich in Alltag und Pflege. Sowohl Küchen-, Tisch- und Badwäsche wie auch Leib-, Bett- und Nachtwäsche war aus weißem Leinen. Aber warum seit jeher in Weiß?
Vor allem der leichten Pflege wegen. Aufgrund seiner glatten Faser verschmutzt Leinen weniger schnell als die bauschigen Baumwollfasern. Die Leinenfaser hat eine hohe Schmutz- und Ölaufnahmefähigkeit, gibt den Schmutz aber anders als Baumwolle wieder ab. Flecken ziehen nicht so tief ein. Und je heißer gewaschen, desto besser verschwinden selbst schwierige Flecken. Falls doch ein Rest bleibt, hilft auch heute Bleichen in der Sonne.
Altes Leinen kann viele hunderte Male gewaschen werden, bevor es schleißt. Im nassen Zustand ist Leinen besonders reißfest. Gefärbtes oder wenig verschmutztes Leinen wäscht man mit einem Buntwaschmittel bei 40 bis 60 Grad. Stark verschmutztes Leinen bei 95 Grad mit Vollwaschmittel und Vor- und Hauptwäsche. Die Waschmaschine grundsätzlich nicht zu voll packen und die Schleudertouren auf etwa 800 Umdrehungen reduzieren. Nach der Wäsche das Leinen nicht in den Trockner geben, sondern packen. Das erspart einen Großteil Bügelarbeit. Und zum Schluss vom eigenen Gewicht glatt ziehen lassen.

Vorher einweichen

Altes vergilbtes Leinen, ob benutzt oder unbenutzt, in einer Wanne mit viel kaltem Wasser einweichen. Mindestens über Nacht, mehrere Tage sind noch effektiver. Das löst den Gilb und festsitzenden Schmutz. Ist das Einweichwasser sehr schmutzig, zwischendurch wechseln. Gänzlich unbenutztes und steifes Leinen liebt Seife. Eine Handvoll Schmierseife oder Seifenflocken in etwa einem Liter heißes Wasser unter Rühren auflösen. Zum Einweichwasser geben.

Waschen

Nach dem Einweichen das Leinen tropfnass in die Waschmaschine geben. Die Maschine nur locker beladen. Das Kochprogramm mit Vor- und Hauptwäsche einschalten. Die Schleudertouren auf etwa 800 Umdrehungen pro Minute reduzieren, oder intervallschleudern. Bei starker Grundverschmutzung oder Flecken das Leinen mit einem Vollwaschmittel waschen. Vollwaschmittel enthalten Aufheller. Ansonsten besser ein Buntwaschmittel verwenden.

Einzelstücke, besonders feines Leinen oder Leinenspitze nach dem Einweichen in einem Kochtopf mit viel Wasser und wenig Waschpulver auf dem Herd gründlich auskochen. Danach gut ausspülen, anschließend auswringen. Altes Leinen nach der Wäsche zu stärken ist unnötig. Es wird allein durch Trocknen oder Bügeln, wieder fest im Griff. Baumwolltischdecken dagegen stärkt man, um ihnen den Anschein von Leinen zu geben.

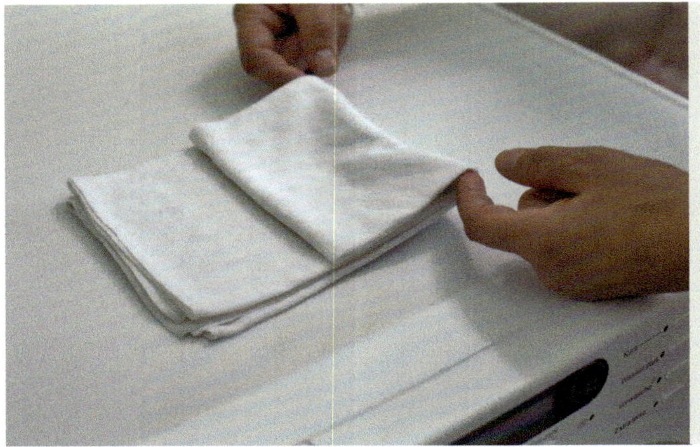

Von Natur aus zeigt der Leinenfaden leichten Glanz. Durch sehr starken Druck erhält Leinen einen einzigartigen Glanz, den Leinenlüster, und einen besonders schönen Fall. Mit herkömmlichen Mangeln oder Bügeleisen erreicht man das nicht. Dafür gab es früher schwere Kaltmangeln. Sie arbeiteten statt mit Hitze mit Tonnen von Kieselsteinen. Solch eine Mangel ist heute noch im Damastmuseum in Großschönau in Betrieb. Kaltmangeln in Kleinformat sind in der Lausitz und in Skandinavien noch heute in Gebrauch.

Die Wäsche packen

Nach dem Waschen die Leinenwäsche wie früher packen. Das Packen erspart mehr als die Hälfte der Bügelarbeit. Dazu das nasse Leinen ausschütteln, zusammenfalten und dabei glattstreichen. Kanten ebenfalls ausstreichen. Das Wäschepaket einige Stunden auf der Waschmaschine liegen lassen.

Mangeln oder Bügeln ist bei Leinen nicht unbedingt erforderlich. Mit Ausnahme von Damast und Jacquard. Ungeglättet ähneln diese einem einfachen Leinentuch. Erst Druck macht die eingewebten Geschichten lebendig und sorgt für besonders schönen Glanz und Fall.

Aushängen statt Bügeln

Leinen möglichst hängend trocknen lassen. Im Trockner wird es weich. Das Leinen kann übertrocknen und dabei sein Maß verändern. Falls es doch einmal passiert, das Leinen nach der nächsten Wäsche in Form ziehen, packen und hängend trocknen. Beim Aushängen der Wäsche ziehen sich die Wäschestücke durch ihr Gewicht fast glatt. Schlappe Wäscheleinen dagegen führen zu harten Stoffbrüchen und verzogenen Wäschestücken. Das lässt sich nur mühsam wegbügeln oder wieder gerade ziehen. Deshalb die gepackte Wäsche, in Viertel oder Hälften gefaltet, der Länge nach möglichst über eine runde Stange wie Duschstange, Besenstiel oder Treppengeländer hängend trocknen lassen. Leinen trocknet sehr schnell.

Möchte man mangeln oder bügeln, das Leinen bügelfeucht, mit einer Restfeuchte, abnehmen. Am besten zuerst von rechts, dann von links und nochmals von rechts bügeln. So glänzt das Leinen besonders schön. Auf einem breiten Bügelbrett oder einem Tisch mit weicher Moltonunterlag auf höchster Stufe und mit möglichst viel Druck bügeln. Immer von der Mitte zu den Seiten hin. Monogramme zum Schluss mit starkem Druck nochmals von links bügeln. Das macht sie schön plastisch. Das Leinen an- schließend gut auskühlen lassen, erst danach zusammen legen.

Ist es bereits zu trocken, das Leinen vor dem Bügeln mit Wasser einsprengen. Anschließend gerade zusammenfalten und aufrollen. In einer Kunststofftüte etwa ein bis zwei Stunden durchziehen lassen, damit sich die Feuchtigkeit im Gewebe gleichmäßig verteilt. Legt man das eingefeuchtete Leinen zum Durchziehen in den Kühlschrank, wird es später beim Bügeln seidigweich.

Zeigt weißes Leinen nach der Kochwäsche noch Gilbreste, das nasse Leinen kurze Zeit in die pralle Sonne legen. Dadurch verschwinden die Gilbreste wie Schnee vor der Sonne.

Gilb und Flecken

Keine Angst vor Gilb und Flecken. Durch jahrzehntelanges Liegen ist Leinen oftmals stark vergilbt, verschmutzt und fleckig. Kleine rostbraune Flecken, die sogenannten Rostflecken, stammen von mikrofeinen Eisenspänen des Webstuhls. Sie lassen sich mit Zitronensaft entfernen. Schwarze Flecken, Stockflecken, zeigen sich meist auf nass gelagerter Baumwolle oder Halbleinen, selten auf Reinleinen. Denn Leinen ist kaum anfällig für Mikroorganismen.
Vergilbungen verschwinden durch vorheriges Einweichen und anschließender Kochwäsche mit Vor- und Hauptwaschgang. Sind doch noch Gilbreste vorhanden, das nasse Leinen in die pralle Sonne legen. Und der Gilb verschwindet wie Schnee vor der Sonne.

Rostflecken entfernen

Die Stelle mit dem Rostfleck in ein Gefäß, zum Beispiel eine Tasse, legen. Zitronensaft aufkochen und über den Fleck gießen. Bis zu 24 Stunden ziehen lassen. Anschließend ausspülen. Eventuell wiederholen.

Kleine Flecken

Kleine Flecken nach der Mahlzeit sofort mit nassem sauberen Tuch und etwas Geschirrspülmittel ausreiben, vom Rand zur Mitte. Trocknen lassen.

Rotweinflecken

Umgeschütteter Rotwein auf Leinen ist kein Problem, wenn der Fleck nass bleibt. Etwas Mineralwasser, klaren Alkohol oder Wasser darauf schütten und weiterfeiern. Oder nasse Tücher auf- und unterlegen. Nachdem die Gäste gegangen sind, das Leinen gut ausspülen und über Nacht in Wasser liegen lassen. Oder das Leinentuch in der Waschmaschine ohne Waschmittel waschen. Am nächsten Morgen noch einmal mit Waschmittel und Vor- und Hauptwäsche im Kochprogramm waschen.
Sollten trotzdem noch Farbreste vorhanden sein, das Leinen im Kochtopf in viel Wasser und mit einer halben Packung Soda auf dem Herd auskochen. Notfalls mit der zweiten Sodahälfte wiederholen. Ausspülen und bei Bedarf in die Sonne legen[5]*.*

Bleichen

Fast immer lässt sich Leinen allein durch Einweichen und Kochen reinigen. Nur wenn unbedingt notwendig, ein Bleichmittel einsetzen. Bleichmittel können die Faser schädigen. Auch verliert das Leinen durch Bleichmittel sein typisches Weiß.

Blitzschnell

Rote Flecken von Obst oder Gemüse verschwinden aus Leinen oft blitzartig, wenn man kochend heißes Wasser im Strahl, mit Wasserkessel oder Wasserkocher, darüber gießt. Die Leinenfasern ziehen sich dabei zusammen und lassen den Schmutz los.

ALTES LEINEN NÄHEN

Zum alten Leinen passt eine schlichte Umsetzung am besten. Dadurch wirkt es besonders schön und natürlich. Zusätzlicher Schmuck können alte Klöppel- oder Häkelspitzen und Litzen sein.

Bevor man mit dem Nähen loslegt, das Leinen waschen, da altes unbenutztes Leinen bei der ersten Wäsche einspringt. Mal mehr, mal weniger. In der Länge deutlich mehr als in der Breite. Deshalb sind Leinenstücke von früher immer etwas größer als das erforderliche Maß. Weißes unbenutztes Leinen grundsätzlich nach dem Einweichen zuerst auskochen. Dunkelbuntes Leinen beim ersten Mal mit Vorsicht waschen, es kann ausbluten (siehe Seite 135). Möchte man zum Umarbeiten von Bettwäsche Nähte auftrennen, erledigt man das vor dem Waschen. Nach dem Trocknen Maß nehmen und das Leinenstück für den Verwendungszweck ausmessen.

Mit der Hand nähen

Die handgewebten Leinenraritäten möglichst nur dann schneiden, wenn es unbedingt erforderlich ist. Viele Leinenstücke lassen sich mit einfachen Handnähten zweckentfremden. Später kann man sie wieder, so wie für altes Leinen typisch, anderweitig nutzen. Haben beipielsweise die Servietten als Kinderkleidchen ausgedient, nimmt man sie nach dem Auftrennen der Nähte wieder als Servietten in Gebrauch oder näht ein Shirt daraus.
Da die Webkanten des alten Leinens ein Qualitätszeichen sind, darf man sie auch zeigen. Das gilt auch für Handstopfen, feine Flicknähte und Knopflöcher. Sie zieren. Und das Gute: Webkanten fransen weder aus, noch müssen sie versäubert werden. Dafür zum Beispiel Leinenservietten so links auf links legen, dass die Webkanten die Seitennaht und die genähten Kanten den späteren Saum bilden. Die Webkanten mit dem Überwendlichstich oder der Stoßnaht aneinander nähen. Schnittkanten versäubert man am besten mit dem Knopflochstich. Möchte man den Steppstich verwenden, legt man die Stoffteile vor dem Nähen rechts auf rechts. Besonders stabil sind Wäsche- und Kappnaht. Sie werden zweifach genäht und ein Ausfransen ist nicht möglich. Zum Nähen benutzt man entweder feines Leinengarn aus dem Klöppelbedarf oder Baumwollgarn. Altes Leinen kann man auch mit der Nähmaschine nähen, muss es aber nicht. Mit Nadel und Faden von Hand zu nähen, ganz entspannt auf Sofa oder Sessel, ist meditatives Nähen. Gerade beim Überwendlichstich oder Heftstich lässt sich nach etwas Übung herrlich entspannen. Yoga für die Sinne.

Schön schmiegsam

Je feiner das verwendete Leinen, desto schmiegsamer ist es und desto schöner fällt es. Kerniges Leinen, das häufig benutzt wurde, liegt ebenfalls weich auf der Haut.

Vom Trödel

In der alten Hutschachtel warten bereits benutzte Klöppel- und Häkelspitzen auf ihren neuen Auftritt.

Überwendlichnaht

Beim Überwendlichstich wird die Naht fest und stabil, bleibt aber flexibel und kräuselt nicht. Schrittweise arbeiten, dann den Faden anziehen und weiterarbeiten. Man sticht etwa 2–3 mm von der Webkante entfernt ein. Die Stiche sollten so nah wie möglich aneinander liegen.

Stoßnaht

Die Stoßnaht ist eine elastische Naht. Die Webkanten stoßen aneinander. Schrittweise arbeiten, dann den Faden anziehen und weiterarbeiten.

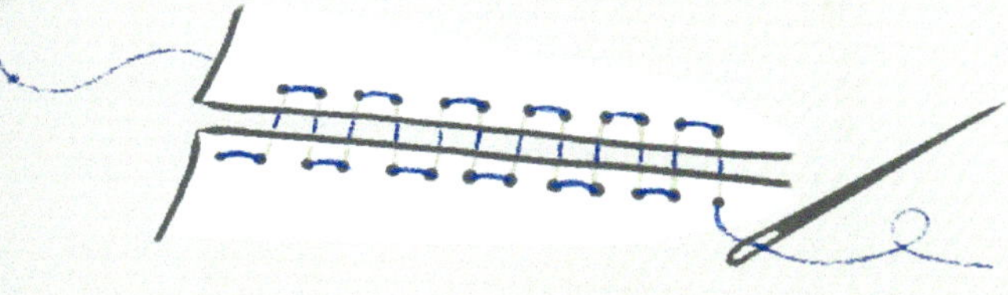

Steppstich

Der Steppstich bildet die klassische Naht. Kurze Stiche arbeiten und so gleichmäßig wie möglich.

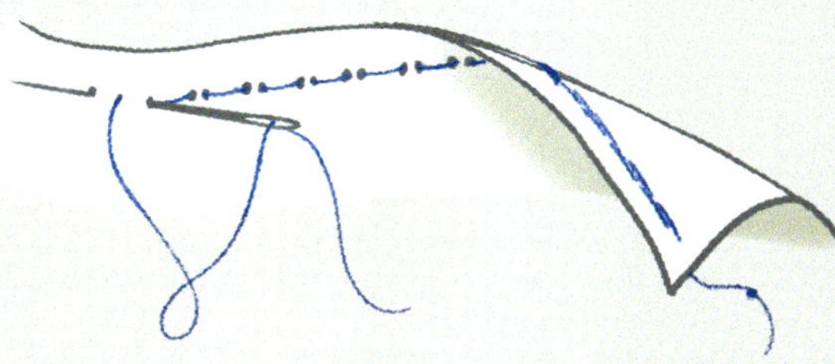

Heftstich

Der Heftstich wird zum Vorheften oder Einreihen verwendet. Mit farbigem Stickgarn und doppelreihig gearbeitet, schmückt er das Wäschestück.

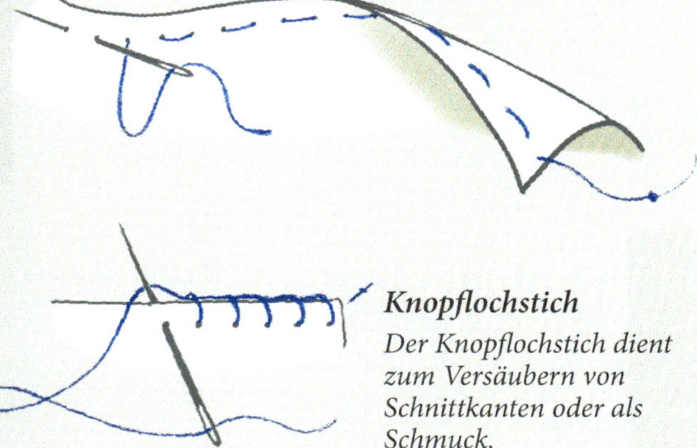

Knopflochstich

Der Knopflochstich dient zum Versäubern von Schnittkanten oder als Schmuck.

Wäschenaht

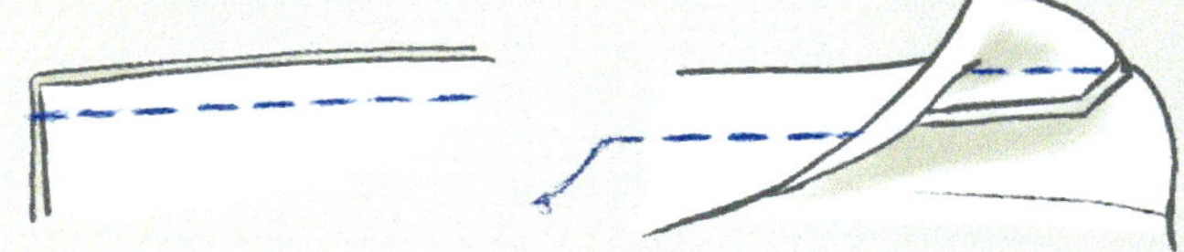

Kappnaht

Kapp- und Wäschenaht werden zweifach genäht. Die Nahtzugaben werden so eingeschlagen, dass kein Ausfransen möglich ist.

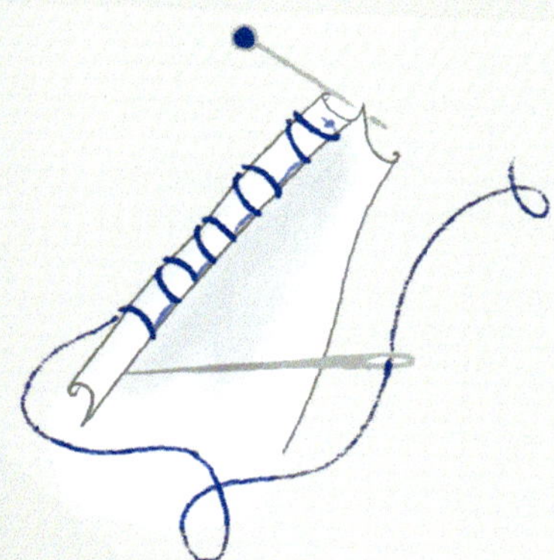

Rollsaum

Beim Rollsaum rollt man den Stoff mit den Fingern mindestens eine Umdrehung ein. So liegt die Saumkante innen und man umstickt die Rolle. Die Stiche gehen dabei nicht durch die Rolle sondern daran vorbei. Schrittweise arbeiten, dann den Faden anziehen und weiterarbeiten.

Kürzen und Schmälern

Zum Schmälern oder Kürzen kleine Falten oder schmale Biesen abnähen.

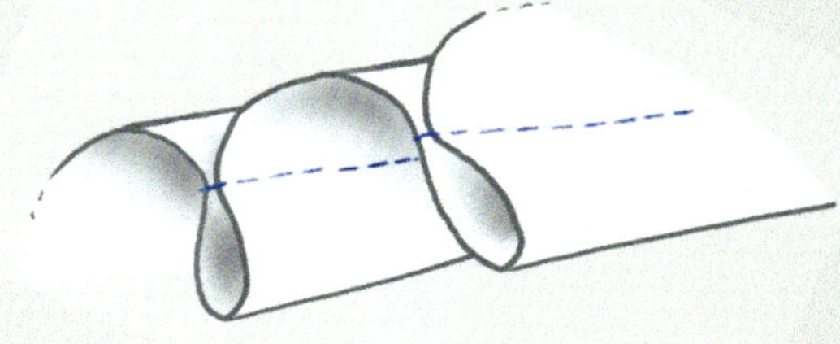

ZUM WEITERLESEN

1. Alte Tafeldamaste, Margarete Braun-Ronsdorf, Franz Schneekluth-Verlag, Darmstadt, 1955
2. Archiv für Westfälische Volkskunde, Münster
3. Damast, Margarete Braun-Ronsdorf, Reallexikon zur Deutschen Kunstgeschichte, Band III, 1953, Sp. 998–1004, www.rdklabor.de/w/?oldid=92655>
4. Cruzaden and Quadrilles, Uhlenbeck Augusta, An Eightheen Century Durch Woven Poem, Complex Weavers Journal, Juni 2007, Seite 42–45
5. de Zoete, Sanny, www.zannydezoete.nl
6. Der Webmeister für mechanische Weberei, Franz Kraus, IV.Teil, Die Vorrichtungen für spezielle Gewebe, Wien und Leipzig, Franz Deutike, 1929
7. Deutsches Damast- und Frottiermuseum Großschönau, Großschönau (Sachsen)
8. Deutsches Museum, www.deutsches-museum.de
9. Die Technik der Gebildweberei einst und jetzt, Aufsatz, Fachschullehrer G. Lehmann
10. Entwicklung der Weberei in Sebnitz, Jochen Viehrig 2011, http://kavisebel.npage.de/entwicklung-der-weberei-in-sebnitz.html
11. Erwerbs – und Verkehrsstatistik des Königstaats Preussen, in vergleichender Darstellung, Freiherr Friedrich Wilhelm Otto Ludwig von Reden, 1853, http://www.digitalis.uni-koeln.de/Reden/reden_index.html
12. Form und Gebild in der einheimischen Damastweberei, Dr. Carola Runge, Lauterbach 1963 http://www.vfh-vogelsberg-wetterau-kinzigtal.de/images/VfH63%20Damastweberei.pdf
13. Geschichte der Oberlausitzer Textilindustrie, Von den Anfängen bis zu Gegenwart, Frank Nürnberger, Oberlausitzer Verlag, 2007
14. Großes vollständiges Universal Lexicon aller Wissenschaften und Künste welche bishero durch menschlichen Verstand und Witz erfunden und verbessert wurden. 53. Band, Leipzig und Halle, 1747, www.delpher.nl
15. Handbuch der Kaufleute für die Jahre 1785 und 1786, www.delpher.nl
16. Handelslexikon, Georg Heinrich Zincken, 1745
17. Handwörterbuch der Textilkunde aller Zeiten und Völker, Technische Rualindustrie, books.google
18. Hausweben für Anfänger, Greta Moberg, Verlag Knorr&Hirth, München, 1938
19. Leinendamastmuster des 17. und 18. Jahrhunderts, E. Kumsoh, Dresden 1890 https://archive.org/stream/kunstgewerbebla05pabsgoog/kunstgewerbebla05pabsgoog_djvu.txt
20. Leinenmanufaktur von Kleist, Ilka und Hans-Henning, Neukirch (Lausitz)
21. Leinen, Stickerei und Mustersammlung Südtirol, Anna Wielander-Platzgummer, Edition Raetia, Bozen 2004
22. Leinenweberei Hoffmann, Neukirch (Lausitz)
23. Marx Zieglers Weber Kunst und Bildbuch, Schultes, 1677, http://www.mdz-nbn-resolving.de/urn/resolver.pl?urn=urn:nbn:de:bvb:12-bsb11283522-4
24. Neues Policey- und Cameral-Magazin, Johann Heinrich Ludwig Bergius, 1777, https://babel.hathitrust.org/cgi/pt?id=mdp.39015075980576;view=1up;seq=5
25. Neues vollständiges und allgemeines Waaren- und Handelslexicon, Erster Band A-F, Johann Georg Friedrich Jacobi, bei Daniel Claß, Heilbronn am Neckar und Rothenburg ob der Tauber, 1798, www.gutenberg.de
26. Nützliches Weber-Bild-Buch von Johann Michael Frickinger, 1740
27. Roses and snowballs: the development of block patterns in the german linen-weaving tradition, ARS TEXTRINA 5 (1986), pp. 167–248
28. Spinnen und Weben, Hilchenbach, http://ahlering.de/Spinnen_Weben/spinnen_weben.html
29. Textiles Zentrum Haslach, Österreich
30. Textil-Industrie III, Wäscherei, Bleicherei, Färberei und ihre Hilfsstoffe, Dr. William Massot, Leipzig, G. J. Göschen'sche Verlagsbuchhandlung, 1904
31. Textillehrpfad Großschönau, Deutsches Damast und Frottiermuseum, Großschönau
32. The Highlights of Gros de Tours, Uhlenbeck Augusta, Complex Weavers Journal, Juni 2008, Seite 39–41
33. The World Wide Woven Links, Uhlenbeck Augusta, Complex Weavers Journal, Oktober 2011, Seite 43–45
34. Traditionelle Webmuster, Jorinde Gustavs/Gerlinde Dörries, Volkskulturinstitut Mecklenburg und Vorpommern im Kulturbund e.V., Rostock
35. Universallexikon der Handelswissenschaften: Enthaltend die Münz-, Maß- und Gewichtskunde… von August Schiebe, (https://books.google.de/booksid=LPk_AAAAcAAJ
36. Waarenlager oder Wörterbuch der Produkten und Waarenkunde des wohlerfahrenen Kaufmanns, 1805, Gottfried Christian Bohns, https://books.google.de/books?id=ZUU7AAAAcAAJ
37. Wat zijn damasten, voor Damastliefhebers: Uitleg, Augusta Uhlenbeck
38. Weberbuch und Manuskript aus der Bibliothek des Deutschen Museums: Leben und Weben im 18. Jahrhundert, www.delpher.nl/boeken1
39. Weberei Nadelwerk Zeugdruck, Erich Meyer-Heisig, Prestel Verl